PARA MINHA ASSISTENTE

PARA MINHA ASSISTENTE

Coisas que eu nunca farei para você,
mas muitos chefes loucos farão

LYDIA WHITLOCK

Planeta

Preparação do texto: Juliana Cury Rodrigues
Revisão: Oliva Editorial
Tradução: Cristina Yamagami
Coordenação editorial: Oliva Editorial
Projeto Gráfico e Diagramação: Bruno Trevisan Dini
Capa: adaptada do projeto original de Kyle Kolker
Imagem de capa: (mulher): Cultura Liam Norris/Stock Image/Getty Images; (óculos e post-its): Mediaphotos/Fuse; Composição: Megan Cathleen McIsaac

CIP-BRASIL. CATALOGAÇÃO NA PUBLICAÇÃO
SINDICATO NACIONAL DOS EDITORES DE LIVROS, RJ

W592p

Whitlock, Lydia
Para a minha assistente: coisas que eu nunca farei para você, mas muitos patrões loucos farão / Lydia Whitlock ; tradução Cristina Yamagami. - 1. ed. - São Paulo : Planeta, 2014.

Tradução de: To my assistant
ISBN 978.85.422.0431-5

1. Ficção americana. I. Yamagami, Cristina. II. Título.

14-15139 CDD: 813
CDU: 821.111(73)-3

2014

Editora Planeta do Brasil Ltda.
Rua Padre João Manoel, 100 / 21° andar / Conj. 2101 e 2102
Edifício Horsa II / Cerqueira César / 01411-901 / São Paulo / SP
www.editoraplaneta.com.br
atendimento@editoraplaneta.com.br

Aos meus pais, Meg e Mick Whitlock, que me ajudaram a desenvolver a capacidade de conseguir um emprego horrendo e a ser confiante o suficiente para largá-lo.

AGRADECIMENTOS

Gostaria de agradecer:

Erin Malone, Ashley Fox e Erin Conroy, pela sabedoria. Anna Thompson, pela valiosa contribuição. Abbe Ertel Magid, por entender tudo o que digo. Annie Connors, Nicky Loomis, Lolly O'Fallon e Lindsey Ramey, pelo inabalável apoio emocional.

Meus pais, por tudo.

Meus antigos chefes, por levarem a piada na esportiva. Assim espero.

Todas as pessoas que foram, serão ou ainda são assistentes, por toda a força necessária para suportar só mais um dia antes de pedir a demissão. Só mais um dia...

SUMÁRIO

1. A VIDA NO ESCRITÓRIO

2. TEMPO

3. COMUNICAÇÃO

4. VIAGENS E TRANSPORTE

5. LEVANDO PARA O LADO PESSOAL

NOTA DA AUTORA:

As situações colocadas neste livro não são baseadas em empregos específicos que tive ou chefes que conheci, mas sim na experiência de assistentes em geral. Se a maioria dessas coisas realmente tivesse acontecido comigo, não tenho certeza se estaria viva para escrever sobre elas.

INTRODUÇÃO

Para minha assistente:

Olá, sou eu, sua chefe. Bem, ainda não sou tecnicamente sua chefe. Mas isso vai acontecer um dia, quando eu finalmente for rica e poderosa e tiver uma assistente. (Vamos combinar de partir da premissa de que um dia realmente serei rica e poderosa e deixar por isso mesmo.)

Por enquanto, ainda sou uma assistente, sentada no meu cubículo, esperando o expediente de trabalho acabar, exatamente como você! Embora eu imagine que o seu computador seja um pouco mais rápido, seu celular seja um pouco menor e o seu carro seja um pouco mais aerodinâmico. Brincadeirinha! Nós duas sabemos que você jamais teria condições de comprar um carro voador com o seu salário.

Gosto de achar que não mudei muito entre agora e o momento em que você estiver lendo estas palavras: que ainda tenho como fazer piada da empresa e de mim mesma, que consigo conversar sobre assuntos não diretamente relacionados com o meu ganha-pão, que ainda sei minimamente como um computador funciona e que não engordei muito devorando fast-food no meu carro para matar a fome, porque só me atrevo a comer umas saladinhas caras na frente dos meus colegas de trabalho.

Mas sei bem como é. Em um momento estou me lastimando com outra assistente tomando cerveja quente na promoção do happy hour do bar da esquina e, no instante seguinte, estou comprando sanduíches caríssimos, que nem vou comer, no meu Amex Platinum e guardando o recibo para cobrar da empresa depois. São raras as pessoas capazes de sobreviver à jornada subindo pela cadeia alimentar com a personalidade e os princípios intactos e, embora eu prefira achar que sou uma delas, sei que não é bem assim.

Então, querida futura assistente, aqui você encontrará uma rede de segurança e um guia de sobrevivência em um pacote só. Aqui você encontrará todas as coisas que jamais farei a você, mas que muitos dos seus outros chefes provavelmente farão. E, quando eu inevitavelmente tiver um deslize e deixar o trabalho afetar o meu bom humor e a minha sanidade mental, bem, você será mais do que bem-vinda para esfregar este livro na minha cara.

Logo depois de me trazer um café. Preto. Sem açúcar. Obrigada.

Sua futura chefe

1.

A VIDA NO ESCRITÓRIO

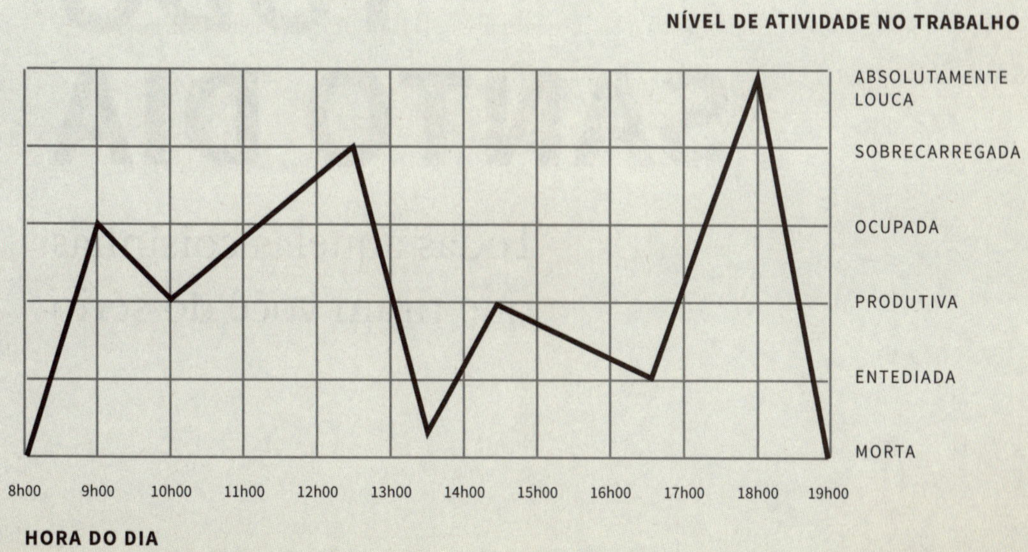

TODO SANTO DIA

Todas aquelas coisinhas
que tiram você do sério

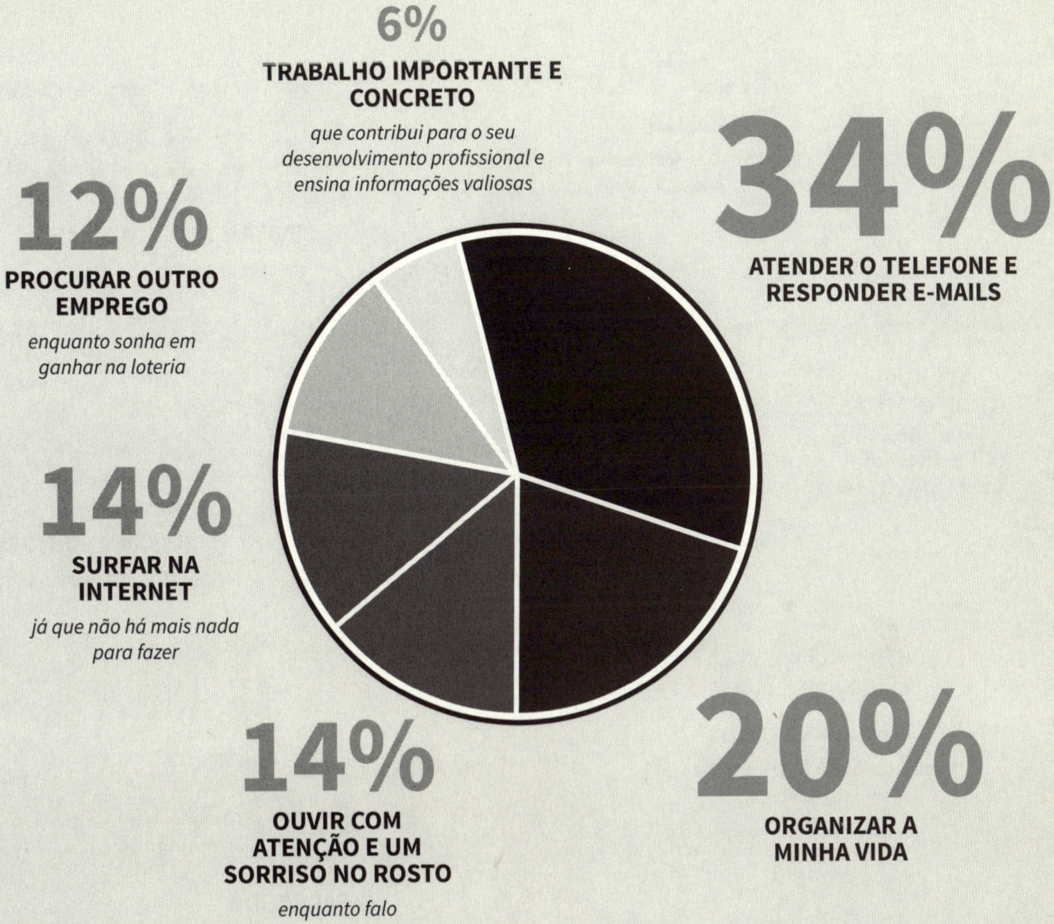

O SEU TEMPO NO ESCRITÓRIO

Analisando por partes...

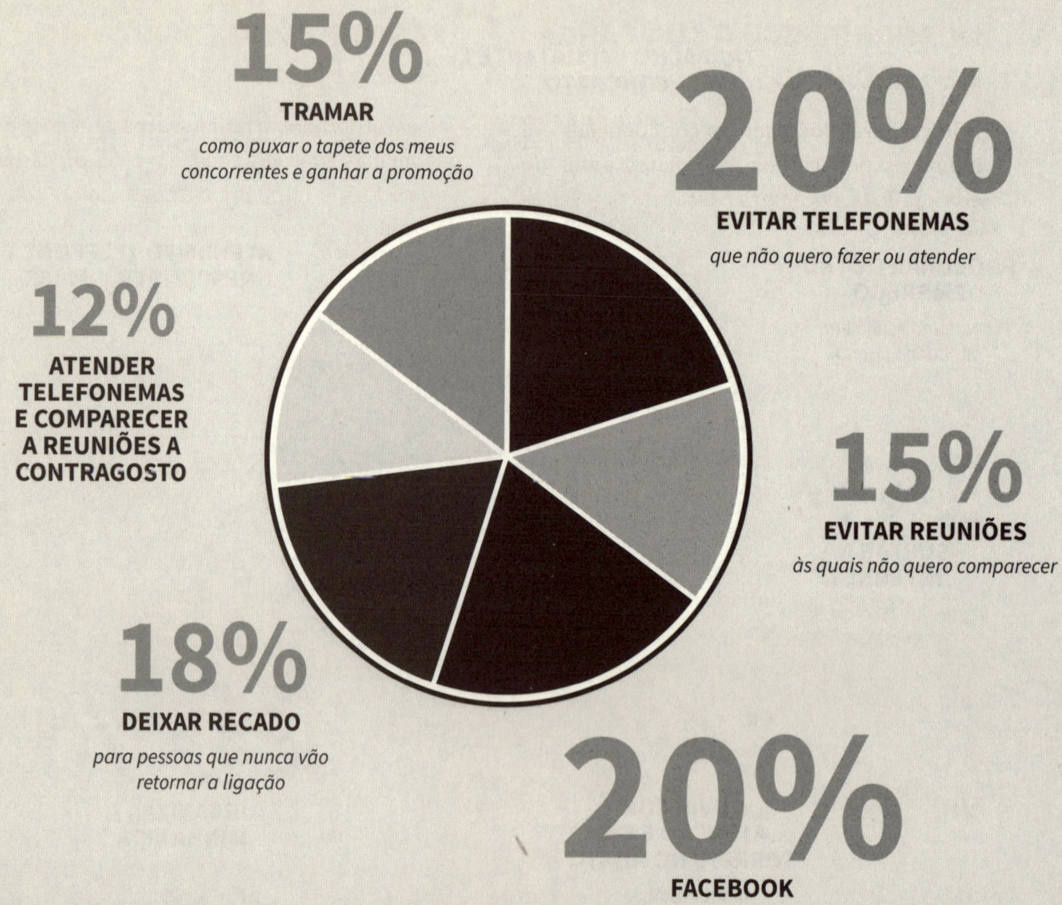

O MEU TEMPO NO ESCRITÓRIO

Analisando por partes...

QUADRUPLICAR A SUA CARGA DE TRABALHO *(desnecessariamente)*

Não rasgarei documentos confidenciais em inúmeros pedacinhos irregulares antes de entregá-los a você para passar no triturador de papel.

DITADO *(repetitivo)*

Se um dia eu quiser que você anote um recado, será quando eu ainda não tiver nada por escrito. Não vou obrigá-la a ir à minha sala e anotar freneticamente enquanto leio em voz alta um monte de anotações, que já pus no papel, mas que me recuso a entregar a você só porque adoro ouvir a minha própria voz e acho que as minhas ideias são magníficas quando lidas em voz alta, num tom dramático.

VESTUÁRIO *(seu)*

Quando você chegar ao trabalho bem vestida, não direi "Gostei da roupinha. Você tem uma entrevista de emprego hoje?"

FESTINHAS DO ESCRITÓRIO *(exclusões)*

Não vou obrigá-la a ficar à sua mesa atendendo as minhas ligações, enquanto todo o pessoal do escritório (inclusive eu) come bolo e toma refrigerante na sala de reuniões para celebrar um aniversário.

DECORAÇÕES *(obrigatórias)*

Não vou obrigá-la a colocar desenhos em giz de cera do meu filho na divisória da sua baia, bem na sua frente, no lugar de uma lista de telefones importantes que você consulta toda a hora, especialmente se os desenhos sugerirem que você tem quatro queixos.

PROJETOS *(revisões)*

Quando você estiver trabalhando em um projeto e me trouxer uma primeira versão, não farei somente uma alteração e devolverei o documento para você achar que só tinha um erro e repetir essa ação outras cinquenta vezes no intervalo de quatro horas, colocando-a em uma montanha-russa emocional e alimentando as suas esperanças de que a versão que acabou de me entregar será a última.

BREVIDADE *(excessiva)*

Não vou mandar resumir um artigo da Wikipédia para mim.

RAIVA *(minha)*

Quando eu ficar com raiva de alguém ou de alguma situação, não vou esperar que você fique tão furiosa quanto eu. Esperarei que você seja a pessoa menos insana da nossa relação de trabalho, não uma psicopata bajuladora que só joga lenha na fogueira do meu descontrole emocional. Quando vir que você está mantendo a calma e que continua prestativa durante as minhas crises de fúria, vou reconhecer isso em vez de voltar a minha ira a você por ser tão apática.

A SALA DE CONFERÊNCIA *(me decidindo)*

Quando você me perguntar se deve reservar a sala de conferência para uma reunião daqui a duas semanas e eu responder "não, vou fazer a reunião na minha sala", isso quer dizer que de fato farei a reunião na minha sala e não vou enlouquecer você dez minutos antes alegando que "você deveria ter reservado a sala de reunião de qualquer jeito, porque sabe muito bem como a minha sala fica bagunçada às vezes!"

PERMISSÃO *(desnecessária)*

Não vou obrigá-la a me pedir para ir ao banheiro, como se estivéssemos no jardim de infância. Vou confiar na sua capacidade de decidir por conta própria quando pode dar uma saidinha sem que o mundo inteiro caia na minha cabeça enquanto você estiver fora.

TECNOLOGIA *(redes sociais)*

Não vou chamá-la à minha sala com um tom de voz sério, mandar você fechar a porta e perguntar, num sussurro "como eu faço para me desmarcar desta foto no Facebook?"

FEEDBACK *(confuso)*

Quando você pedir a minha opinião sobre um projeto que entregou, não vou responder dando de ombros e dizendo "não fede nem cheira..."

O SEU ANIVERSÁRIO *(julgamentos)*

Se a empresa abrir uma garrafa de champanhe para cada aniversariante do escritório, não vou fazer cara de limão azedo e murmurar "que sede, hein?" quando você pegar uma segunda taça no seu próprio aniversário.

MARCA-TEXTO *(uso excessivo)*

Não vou obrigá-la a realçar partes de um documento para mim, digitar os trechos realçados, enviar-me os trechos por e-mail e ainda ler o e-mail em voz alta para mim ao telefone enquanto dirijo para ir almoçar porque não tive tempo de dar uma olhada no que você passou os últimos 45 minutos realçando e redigitando.

INTERNET *(desvendando)*

Não vou obrigá-la a elaborar um memorando de uma página explicando a origem e a história de um meme da internet que o presidente citou em um breve comentário na última reunião.

ARMAZENAMENTO
(não é a principal função da sua mesa)

Não vou largar documentos e objetos aleatórios na sua mesa, em cima das coisas que você está usando para trabalhar e esperar que esses documentos e objetos estejam exatamente no mesmo lugar quando eu precisar deles daqui a quatro horas.

CRÍTICAS *(estranhas)*

Não vou mandar você parar de cruzar os braços "porque fica com jeito de brava".

POLUIÇÃO SONORA *(hipócrita)*

Não vou cantarolar alto e desafinada os 40 maiores sucessos das rádios sempre que não estiver falando com alguém e gritar da minha sala mandando você "parar com essa barulheira" quando você estiver dando batidinhas com o pé na mesa enquanto trabalha em um projeto urgente e estressante.

ZONA DE CAOS *(causas de)*

Não vou passar por você dizendo "arruma a sua mesa... está um caos", quando a razão para a bagunça é que você está tentando organizar uma pilha de meio metro de altura de papéis aleatórios que larguei no canto da sua mesa de manhã, dizendo apenas "aqui está".

PIADAS
(resumidas, recicladas e reutilizadas)

Toda vez que você for trabalhar de preto, o que acontece pelo menos uma vez por semana, não vou lhe perguntar em voz alta "quem morreu?!" e esperar que você caia na gargalhada com a minha piada hilária e original.

RESPONSABILIDADES *(estendidas)*

Se o escritório permitir cães, não vou trazer o meu para o trabalho e encarregar você de limpar o xixi que ele fizer por toda parte. (O lugar preferido dele para fazer xixi será debaixo da sua mesa, só porque a vida nem sempre é justa, fazer o quê?)

ALERTAS *(injustificados)*

Não vou obrigá-la a configurar um alerta do Google para o meu nome e percorrer centenas de e-mails todos os dias sobre as outras quatro mil pessoas com o mesmo nome que eu, todas mais famosas que eu, e me dizer mais uma vez que não, ainda não "virei notícia".

LIMPANDO A MINHA SUJEIRA
(não sou um cachorro)

Não vou pegar emprestada a sua "blusa do escritório" que você sempre deixa lá sabendo das temperaturas extremas do nosso ar-condicionado central e devolver a blusa no fim do dia cheia de cabelo e ketchup.

ELOGIOS *(retirando os)*

Quando elogio o seu trabalho e você agradece com um sorriso satisfeito mas não dá pulos de alegria, não vou usar isso como uma chance de lhe dar um sermão sobre não deixar o orgulho subir à cabeça, já que, afinal de contas, "o trabalho nem foi tão bom assim".

APONTAR *(em vez de ensebar a tela)*

Quando você está tentando me mostrar alguma coisa no seu computador, não vou pressionar o dedo no monitor para mostrar onde quero que você olhe, obrigando-a a limpar o sebo do seu monitor três vezes mais que qualquer outra pessoa no escritório. Vou apontar sem tocar as coisas, como qualquer pessoa normal.

VISIBILIDADE *(importância da)*

Se eu não puder vê-la da minha sala, não vou mostrar um documento (que você não tem como enxergar) e gritar "o que você acha disto?!" obrigando-a a correr à minha sala para me dar uma resposta imediata. Em vez disso, vou pedir calmamente para você vir à minha sala e dar uma olhada no que quero lhe mostrar.

FEEDBACK *(armadilhas)*

Não vou lhe perguntar como foi a minha apresentação instruindo-a a "ser sincera" quando você sabe muito bem que, se disser que fui bem, vou acusá-la de ser uma puxa-saco e, se disser gentilmente que eu poderia, talvez, melhorar um pouco, vou passar o dia inteiro, provavelmente a semana inteira, sem falar direito com você.

ERROS DE PRONÚNCIA
(insistência em)

Não vou errar a pronúncia de uma palavra tão comum a ponto de até os meus colegas rirem pelas minhas costas e rejeitar qualquer tentativa sutil da sua parte de me ensinar a pronúncia correta, insistindo que você não sabe o que está dizendo.

ENCARANDO
(para deixá-la sem graça)

Se trabalhamos na mesma sala, não vou escolher um ponto um pouco acima e à direita da sua cabeça para olhar fixamente quando eu estiver "pensando". Preferirei escolher um ponto que não a leva a pensar que estou encarando você ou uma pessoa invisível atrás de você.

CUMPRIMENTOS

(respostas desconcertantes a)

Não responderei ao seu alegre "bom-dia!" com um levantar de sobrancelha e um sorriso irônico, levando você a achar que você já fez alguma coisa errada às 9h05 da manhã.

PEDIDOS IMPOSSÍVEIS *(repetidos)*

Não vou pedir quase toda semana que você edite um PDF para mim e, a cada vez que você me informar que precisa do documento em Word para fazer isso, ficar tão frustrada quanto na última vez e voltar a questionar a sua competência.

DESORGANIZAÇÃO

(atingindo novos níveis de)

Não vou chamá-la à minha sala pelo menos uma vez por semana para procurar um arquivo que salvei em cinco locais diferentes do computador, em cinco versões diferentes, sendo que nenhuma delas é a versão que quero já que, acidentalmente, deletei o documento certo.

INTRODUÇÃO AO VOCABULÁRIO DOS CHEFES

Tal qual um gene ruim que provoca imprecisão e comportamento passivo--agressivo, um determinado vocabulário é passado de chefe a assistente devido à crença de que soar como chefe é quase tão bom quanto ser chefe. Não é. Veja abaixo termos a serem evitados se você quiser romper esse círculo vicioso:

Desafio *(substantivo)* Normalmente dito em um tom de voz motivador. Qualquer coisa descrita como tal, na verdade, não passa de uma tarefa monótona e complicada, por trás de uma fachada de otimismo com esperança de impressionar o chefe. Não se iluda, ele não vai se impressionar.

Exemplo: *"Tenho um desafio para você! Preciso que você organize estes dois anos de recibos de cartão de crédito por data para eu enviá-los ao meu contador, porque, apesar de ser o trabalho do contador, acho que o tempo dele vale muito mais que o seu!"*

Internet *(substantivo)* Palavra genérica usada pelos chefes para descrever qualquer coisa que tenha a ver com a conexão da rede ou qualquer tecnologia básica, como e-mail, chat, YouTube ou celular.

Exemplo: *"A minha internet está quebrada. Ligue agora para o departamento de informática. Descreva o problema nas minhas palavras exatas para eles entenderem direito".*

Que tal se... *(expressão irritante)* O início de uma frase dita por um chefe que quer mandá-la fazer alguma coisa, mas é passivo-agressivo demais para dar uma ordem direta e, dessa forma, começa todas as frases com a sugestão incorreta de que você está sendo incluída na decisão de realizar a tarefa.

Exemplo: *"Que tal se a gente pedir o almoço?", enquanto joga na sua mesa um pedaço de papel amassado com o pedido e o nome do restaurante.*

Minha assistente pessoal *(substantivo)* Termo que o chefe usa para se referir a você em vez de usar o seu nome; serve para mostrar aos colegas que o chefe é importante a ponto de ter uma assistente e, para mostrar a você, que quem manda é ele.

Exemplo: *"Podem deixar que a minha assistente pessoal cuida disso", normalmente se referindo a uma reunião ou telefonema do qual você não fazia ideia antes de ficar sabendo que "vai cuidar disso".*

***Termo relacionado:* cuidar** *(verbo)* Palavra usada pelo chefe para informar os colegas que a assistente se encarregará de alguma tarefa, seja agendar uma reunião, tomar notas de um telefonema, ligar para quinze pessoas em uma conferência telefônica às 8h30 ou cruzar a cidade para comprar um cartão de aniversário para o chefe do chefe. Os chefes em geral usam essa palavra por duas razões: em primeiro lugar, por que eles precisariam digitar mais de uma palavra quando podem digitar uma só? Em segundo lugar, essa única palavra inclui tudo, e eles não precisam dar mais nenhuma instrução. Se a assistente pedir mais instruções, provavelmente ouvirá as três palavras "só cuide disso".

Político *(adjetivo)* Palavra usada para descrever qualquer situação que o chefe está evitando, por preguiça ou medo.

Exemplo: *"Bom, acho que você merece mesmo um aumento, mas temo que não seria muito político da minha parte exigir isso agora".*

Valeu *(verbo)* Palavra usada pelos chefes quando eles percebem que seus assistentes estão a ponto de ter um colapso, numa tentativa de fazê-los sentir-se valorizados. Mas só para poder sugar o máximo do sangue deles antes de eles voltarem para casa às 21h.

Exemplo: *Toda vez que o chefe usa essa palavra ou alguma outra similar.*

20%

DOCUMENTOS PESSOAIS EMBARAÇOSOS

que você nunca deveria precisar ver: holerites com o meu salário enorme, resultados laboratoriais, documentos de divórcio etc.

34%

COISAS QUE EU MANDEI

você imprimir mas nunca me dei ao trabalho de olhar

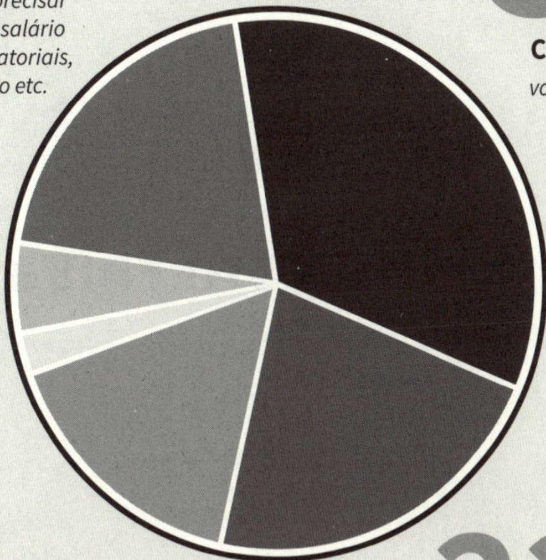

7%

TRIPLICATAS

de coisas que mandei você imprimir mas nunca me dei ao trabalho de olhar

1%

O DOCUMENTO DE QUE PRECISO

AGORA! AGORA! AGORA!

16%

RECADOS IMPORTANTES

de três meses atrás que ainda não assinei e agora não consigo achar.

22%

DUPLICATAS

de coisas que eu mandei você imprimir mas nunca me dei ao trabalho de olhar

A PILHA DE PAPÉIS NA MINHA MESA

Analisando por partes...

COMO LIDAR COM O CHEFE: LIÇÕES PARA INICIANTES

Meus dois estados emocionais mais comuns e como lidar com eles

1

Estou com raiva

De você.

É culpa sua.

Peça desculpas. Muitas desculpas. Mas não a ponto de eu ficar com raiva de você por se desculpar demais.

Não é culpa sua.

Descubra o culpado e puxe o tapete da pessoa em algum momento num futuro próximo.

2

Não estou com raiva,

o que equivale a um estado de quase felicidade na maioria dos dias.

De outra pessoa.

Concorde comigo que a pessoa é chata e idiota.

Não diga nem faça nada que costumo considerar irritante.

Dê um raro suspiro de alívio ao sair da minha sala.

CHATS DO INFERNO: TELEFONEMAS

(deveria ser fácil fazer um)

CHEFE: o João tá na sala dele? 15:05

15:05 Vou verificar. ASSISTENTE

CHEFE: Sim ou não?? 15:06

15:06 A assistente dele não está atendendo o telefone. ASSISTENTE

CHEFE: Vá até o 3º andar para ver, mas antes arrume alguém para atender seu telefone. 15:07

15:08 Certo, já volto. A Sheila vai atender meu telefone. ASSISTENTE

15:12 Ele não está na sala dele. ASSISTENTE

CHEFE: a Paula tá na sala dela? 15:13

COMIDA

O único prazer permitido no trabalho, e mesmo assim em raras ocasiões

ACUSAÇÕES

(com base em coisas que são culpa minha)

Não vou obrigá-la a passar a hora do almoço trabalhando e depois acusá-la de ter um transtorno alimentar já que o seu estômago não para de roncar e parece que você está com gases quando, na verdade, você está basicamente digerindo a si mesmo.

PEDIDOS DE COMIDA *(bizarros)*

Não vou fazer pedidos de almoço absurdos que não fariam sentido nem para uma pessoa com alergia alimentar, como "exatamente 25 amêndoas cortadas ao meio" ou "um terço penne, um terço farfalle e um terço fusilli".

CRENÇAS *(equivocadas)*

Não vou mandar você separar os meus M&Ms por cor porque acredito que os marrons e amarelos contêm menos aditivos e corantes.

TESTES DE DEGUSTAÇÃO *(cruéis)*

Não vou lhe estender um copo de líquido, ordenar "prove isto" e, quando você cuspir, enojada, explicar "é, achei mesmo que o leite parecia azedo, mas não tinha como saber com certeza".

BOAS MANEIRAS

(desconsiderando-as)

Você não vai entrar na cozinha e me encontrar devorando salgadinhos com o seu nome escrito na embalagem, o que vou tentar justificar dizendo "achei que fosse para nós duas".

MENTIRAS *(desnecessárias)*

Se eu lhe disser que sou vegana, realmente sou vegana. Eu não sou só endinheirada fingindo ter alguma consciência dos direitos dos animais, colocando-a em uma série de situações embaraçosas. Enquanto isso, devoro Big Macs em segredo e você encontra as embalagens quando leva o meu carro para lavar.

GULOSEIMAS
(criando uma situação nada gostosa)

Se eu pegar você comendo algo pouco saudável à sua mesa durante o almoço, não vou me esgueirar por trás de você e assustá-la ao dizer: "dia da engorda, hein?"

PRESENTES *(falsos)*

Quando eu pedir comida demais e não conseguir terminar, não vou levar as minhas sobras para você, cobertas com uma combinação bizarra de molhos que só eu gosto, jogar o prato na sua mesa e dizer: "pode ficar com isso se quiser". Na verdade, o que estou dizendo é: "jogue isso no lixo para mim, mas só depois de um tempo, para eu não achar que você é uma ingrata".

COMIDA GRÁTIS *(pero no mucho)*

Se tivermos de ficar até mais tarde no escritório, não vou sugerir alegremente "quer pedir o jantar? É por minha conta!" (tradução: vai para o meu relatório de despesas deste mês, que você vai preparar para mim), acreditando, de alguma forma, que você deveria ficar contente de ganhar uma refeição grátis. Vou saber que essa sugestão significa que você pode esquecer os seus planos para a noite e vou apresentá-la com a solenidade apropriada para a situação, enquanto abro uma garrafa de vinho para nós duas.

GUARNIÇÕES
(remoção dramática das)

Se a minha refeição vier com uma guarnição que não quero, mesmo que tenha zero impacto sobre o sabor da minha comida, eu mesmo vou retirar em vez de chamá-la à minha sala e obrigá-la a remover a guarnição atrapalhadamente com um garfo e uma colher de plástico para evitar tocar na minha comida com "as suas mãos sujas".

A HORA DO ALMOÇO *(conscientização da)*

Quando eu estiver fora do escritório, almoçando ostensivamente com alguém tão importante quanto eu, não vou ligar no seu celular às 13h24 perguntando "cadê você? por que não atende no escritório?" e obrigá-la a fazer cinco ligações do seu celular enquanto espera na fila do Baked Potato, seu refúgio mensal de comida junk food.

CAFÉ *(decisões repentinas sobre)*

Não vou acordar um dia e decidir que o café do escritório, que você passou os últimos dezoito meses fazendo para mim do mesmo jeito, é nojento e obrigá-la a sair de casa 30 minutos mais cedo toda manhã para passar no Starbucks, sem ao menos me oferecer para pagar o seu café pelo transtorno.

COMPANHIA *(forçada)*

Quando nós duas estivermos almoçando no escritório, não vou obrigá-la a sentar-se à minha mesa e comer comigo enquanto navego na internet e ocasionalmente digito alguns e-mails de trabalho. Eu sei que você não é uma gueixa.

CARDÁPIOS *(impermanência dos)*

Não vou culpá-la quando o restaurante, no qual passei anos pedindo o almoço, muda o cardápio e você não conseguir convencê-los a continuar servindo a única coisa de que gosto lá.

GENTILEZA *(quase chegando lá)*

Se eu me oferecer para pagar o seu almoço, vou perguntar o que você quer. Não vou simplesmente pedir a mesma coisa (repugnante) que vou comer.

AUTOCONTROLE *(minha falta de)*

Não vou comer porcarias e doces enquanto lanço um olhar de reprovação para você, como se você pudesse fazer alguma coisa para me impedir, mas prefere não fazer nada.

ALMOÇOS ANTES DA HORA *(bem antes da hora)*

Não vou sugerir que você almoce às 10h45, porque só vou chegar ao escritório às 11h15 depois de duas horas no cabeleireiro e não quero "desperdiçar todo o tempo" (15 minutos) que você leva para pegar a sua comida e comer na mesa no horário normal.

PEDIDOS DE ALMOÇO
(especificidades dos)

Não vou mandar você pedir "curry" para o almoço e me recusar a responder quaisquer perguntas como o país de origem, os ingredientes que ele deve conter e até que ponto quero que ele seja picante.

PROJETOS *(deprimentes)*

Não vou sugerir que seria "divertido" para você estocar um monte de comidas saudáveis congeladas na geladeira do escritório porque "nós vamos precisar de alguns jantares rápidos todas as noites que vamos passar até mais tarde no escritório nos próximos meses". Quando, na verdade, serão noitadas que você vai passar me olhando avidamente enquanto como a minha comida de micro-ondas, porque só usei a palavra "nós" para ser gentil, mas não estava me referindo literalmente a "nós".

CHEIRO DE COMIDA *(inexistente)*

Não vou proibi-la de levar uma das suas "marmitas esquisitas" ao escritório "porque o lugar fica fedendo a comida", mesmo sabendo que você só leva saladas e sanduíches frios, as únicas coisas que pode se dar ao luxo de comprar com o seu salário. E, na verdade, só estou com inveja da sua capacidade de montar as próprias refeições.

INSULTOS NÃO INTENCIONAIS
(ou sem querer querendo)

Não vou jogar, distraidamente, na sua mesa um pacote de biscoitos que ganhei em uma cesta de presente e dizer "isso é para você", só para você olhar a embalagem e descobrir que são biscoitos de cachorro.

CANUDINHOS *(atenção aos)*

Não vou insistir que você coloque um canudinho em todas as minhas bebidas e me enfurecer com você quando, distraída com uma borboleta na janela da minha sala, eu tentar tomar um gole da bebida e o canudo entrar no meu olho.

AUTENTICIDADE

(a versão da Disney)

Depois que o presidente da nossa empresa discorrer longamente sobre o quanto ele adora uma autêntica comida étnica, não vou decidir me transformar em uma gourmet aventureira e pedir que você me recomende um bom e autêntico restaurante mexicano. E no dia seguinte, quando você perguntar se gostei do restaurante, não vou replicar desdenhosa "não sei como um restaurante mexicano pode ser 'autêntico' sem servir nachos", fazendo o sinal das aspas com os dedos para ressaltar a indignação.

MOLHO APIMENTADO

(confiando na sua dica)

Vou acreditar quando você me avisar que o molho que veio com o meu almoço é muito picante. Não vou desdenhar de você, insistindo que "eu aguento" e, cinco minutos depois, ir furiosa à sua mesa informando que "você precisa pedir outra coisa para o meu almoço, não gostei disso que você pediu — (porque ignorei o seu aviso, espalhei o molho picante por tudo e a comida ficou intragável).

DESPERDÍCIO *(doloroso)*

Se eu ganhar uma cesta de frutas de Natal de um colega, não vou deixar a cesta intocada na minha mesa por duas semanas inteiras (enquanto você olha avidamente para as belas e caríssimas frutas exóticas), até as frutas ficarem cobertas de manchas marrons e depois mandar você jogar a cesta fora sem oferecer uma única fruta a você ou a qualquer outra pessoa do escritório.

ESQUECIMENTO *(estressante)*

Não vou lhe dizer ao meio-dia que eu mesma vou pedir o meu almoço hoje e, às 13h15, perguntar-lhe furiosa quando é que eles vão entregar a minha salada.

SERVINDO DE GARÇONETE

(por 15 minutos na hora do almoço)

Não vou mandá-la colocar a "prataria" de plástico na minha mesa todos os dias no almoço, como quem arruma a mesa para um jantar sofisticado e obrigá-la a fazer tudo de novo caso o garfo e a faca estiverem no lado errado ou se o guardanapo não estiver dobrado corretamente.

ROTINAS

(incapacidade de entender a razão das)

Se eu pedir a mesma coisa para o almoço todos os dias, não vou obrigá-la a percorrer todo o ritual de me perguntar o que quero para o almoço, esperar a minha "decisão", pedir a mesma comida e aguentar as mesmas reclamações quando o pedido chega às 13h15 e não às 13h00. Simplesmente vou deixar que você faça o pedido para mim para que a comida chegue no horário certo todos os dias, e nos poupe de todo o aborrecimento.

RECLAMAÇÕES *(só para reclamar)*

Não vou jogar no lixo o delicioso pão fresco que acompanha a minha salada favorita todos os dias e depois, reclamar que o pão não veio, quando você decidir facilitar um pouco a minha vida e ficar com ele antes de me entregar o almoço.

PRESSUPOSTOS *(perigosos)*

Não vou desconsiderar as suas alergias alimentares como "convenientes" e insistir que você prove alguma coisa que poderia matá-la só porque, quando digo que sou alérgica a alguma coisa, é porque não gosto daquilo ou a comida não faz parte da minha dieta-relâmpago atual.

SIGLAS *(finalidade das)*

Quando eu quiser um PF para o almoço, só vou mandar você pedir o PF do dia. Não vou passar cinco minutos inteiros especificando, em detalhes, as mudanças que quero que o restaurante faça no cardápio do dia exclusivamente para mim.

ESTILO DE VIDA NÃO CONVENCIONAL *(burguês)*

Quando digo a um colega que vou "ficar no escritório e preparar o meu próprio almoço", isso não se traduz em "ficar no escritório enquanto a minha assistente passa trinta minutos medindo todos os ingredientes esquisitos que comprei na loja de alimentos naturais para fazer uma 'salada' seguindo a receita que o meu 'guru' escreveu num papel perfumado com aroma de patchuli, com o timbre do meu estúdio de ioga que cobra 150 reais por sessão".

SE EU NÃO ESTIVER FELIZ

(você não pode ficar feliz)

Não vou decidir que seria um "exercício divertido de desenvolvimento de equipes" se o escritório inteiro me acompanhasse na minha dieta do suco verde e, quando todos se recusarem educadamente, forçar você a fazer a dieta porque não suporto a ideia de vê-la comendo todos os dias enquanto morro de fome.

PRETEXTOS *(desnecessários)*

Não vou ter a mania de pedir sanduíche com cebola e obrigá-la a desmontar o sanduíche, retirar as cebolas e remontá-lo todas às vezes. Só porque me recuso a pedir o sanduíche sem as cebolas já que "não quero parecer uma chata".

CANECAS DE CAFÉ

(e mensagens não tão subliminares)

Quando você me der uma caneca com os dizeres "A MELHOR CHEFE DO MUNDO" como uma piada, não vou questionar onde está a caneca sempre que você me trouxer café numa caneca diferente. Até você perceber que, na verdade, não estou brincando e fico profundamente ofendida quando você não usa a caneca de café para me dizer que sou uma ótima chefe.

CHATS DO INFERNO: CONVERSAS COTIDIANAS

(hora do almoço)

12:01 — ASSISTENTE: O que você gostaria de pedir para o almoço hoje?

CHEFE: Não sei ainda. Pode deixar que eu aviso. — 12:02

12:30 — ASSISTENTE: Já decidiu sobre o almoço?

CHEFE: Ainda não. — 12:31

CHEFE: É só pedir aquela salada de que gosto. — 12:45

12:46 — ASSISTENTE: Tudo bem. Eles entregam às 13h15.

CHEFE: Por que tão tarde?!?? — 12:46

CHEFE: Já chegou?? — 12:55

12:55 Ainda não. Mais 15 minutos. ASSISTENTE

CHEFE Está demorando muito. 12:56

CHEFE Você não pode me deixar demorar tanto tempo para decidir. Fique ligada. 12:57

COMO LIDAR COM O CHEFE: LIÇÕES PARA INICIANTES

Minhas refeições e meu humor (uma correlação)

CAFÉ DA MANHÃ

MINHA COMIDA	COMO ESTOU ME SENTINDO	O QUE FAZER...
Cereais e café	Normal	Aja normalmente
Big Mac	Ressaca	Ande sem fazer barulho e fale baixo. Certifique-se de que as Cocas Zero na geladeira estejam bem geladas
Ovos mexidos	Gorda	Elogie a minha roupa
Café preto	Cruel	Evite qualquer oportunidade de confronto, o que será praticamente impossível

ALMOÇO

MINHA COMIDA	COMO ESTOU ME SENTINDO	O QUE FAZER...
Sopa e salada	Normal	Aja normalmente e celebre, sem me deixar perceber, o fato de eu ter conseguido passar a metade do dia sem ficar de mal humor
Sanduíche gorduroso com batatas fritas	Ainda de ressaca	Traga-me outra Coca Zero sem eu precisar pedir e alegre-se, sem me deixar perceber, de poder passar o resto do dia sem qualquer trabalho
Salada extravagante de um restaurante caro e ainda me ofereço para pagar alguma coisa desse restaurante para você também.	Indulgente e generosa	Agradeça-me profundamente, anote um lembrete para não deixar de me pedir no final do expediente aquele aumento que passei anos adiando e se pergunte que raro alinhamento planetário me levou a agir como uma pessoa normal pela primeira vez
Junk food	Deprimida	Sorria gentilmente, mas sem exagerar, e tente não falar muito. A depressão pode se transformar rapidamente em fúria dirigida à pessoa mais próxima: você
Smoothie verde super saudável	Enérgica e produtiva	Prepare-se para uma tarde gasta retomando projetos que eu deixei de lado pelos últimos meses

44%
COCA ZERO

3%
ALMOÇO SAUDÁVEL, NUTRITIVO E DELICIOSO
que você trouxe de casa

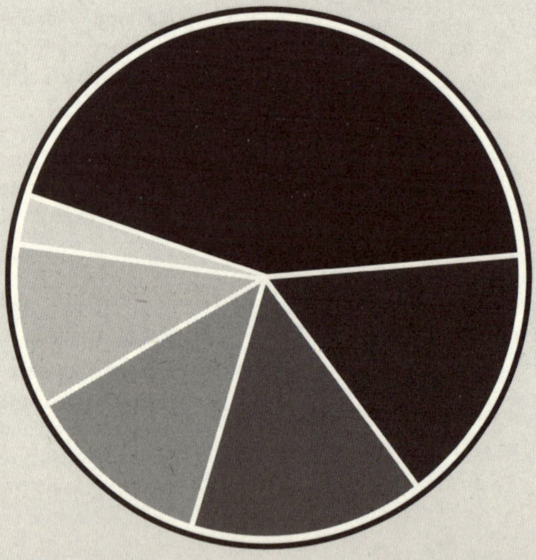

16%
PÃES E SANDUÍCHES DE MORTADELA GRÁTIS
em temperatura ambiente largados na cozinha do escritório

10%
REFEIÇÃO SUPERFATURADA
da lanchonete do prédio, só porque você precisa muito daquelas batatas fritas

12%
NADA,
porque a obriguei trabalhar na hora do almoço sem motivo algum

15%
JUNK FOOD
vulgo "combustível do escritório"

O QUE VOCÊ COMERÁ NO ESCRITÓRIO

Analisando por partes...

POLITICAGEM E PARANOIA

Como eu passo a maior parte do tempo no trabalho

SABOTAGEM *(de uma cadeira)*

Não vou dar início a uma caça às bruxas no escritório porque "sei" que alguém abaixou dois centímetros da minha cadeira na hora do almoço só para me sacanear.

IMPRESSIONANDO O MEU CHEFE *(resultados de)*

Vamos supor que eu a encoraje a causar uma boa impressão no presidente da empresa defendendo as suas opiniões na nossa reunião semanal, você realmente faz isso e o presidente concorda com você, elogiando a sua perspicácia. Se isso acontecer, não passarei os próximos dois meses de cara virada para você.

GRATIDÃO *(forçada)*

Não vou tirar de você um projeto quase concluído que você estava adorando fazer e dar o projeto à assistente do meu chefe, de quem estou sempre tentando puxar o saco, e passar o resto da semana dizendo que "você deveria agradecer porque alguém está fazendo o seu trabalho".

PROMOÇÕES *(desconsiderando-as)*

Quando você finalmente for promovida, não passarei os próximos oito meses fingindo que você ainda é a minha assistente, obrigando-a a trabalhar em todos os meus projetos, enquanto trato a coitada da minha nova assistente como se ela fosse incapaz de fazer qualquer outra coisa além de anotar compromissos na agenda e atender ao telefone.

OUTRAS ASSISTENTES

Quando a assistente do meu chefe estiver sendo mesquinha e engavetar informações importantes, vou fazer questão de defender você e lhe dar algumas dicas para lidar com ela. Não vou mandar você "dar um jeito nisso" e depois ir reclamar para outra assistente sobre o quão infantil você está sendo, na tentativa de ficar do lado dela e manipulá-la para que as minhas reuniões sejam agendadas mais rápido.

REUNIÕES *(no escritório)*

Não vou brincar de roleta russa nas reuniões do escritório, ao tentar, sempre, ser a última a chegar, movida pela crença equivocada de que a última pessoa a chegar à reunião sem se atrasar será vista como a mais importante.

TRANSIÇÕES *(elegantes)*

Quando você estiver treinando a minha próxima assistente antes de deixar o cargo, não vou ficar ordenando, para a sua substituta ouvir, "ensinar o jeito certo de fazer, não o jeito que você faz", na tentativa de convencer a minha nova assistente de que você é uma total incompetente. Vou deixar você fazer o seu trabalho bem feito, como tem feito nos últimos dois anos, para dar, à minha nova assistente, o melhor treinamento possível para facilitar a transição para todas nós.

SENTIDOS OCULTOS *(inexistentes)*

Não vou analisar de maneira obsessiva um e-mail perfeitamente inofensivo e prestativo que você me enviou, submetendo-a a um rigoroso interrogatório sobre cada escolha de palavras e tentando descobrir "o que você realmente quis dizer com isso". Reconhecerei que nem todo mundo é tão vaga e manipuladora quanto eu.

EVENTOS SOCIAIS *(forçados)*

Não vou insistir que você leve a assistente do meu chefe a um happy hour pelo menos uma vez por mês "para sondá-la", sem deixar você contar que sou eu que a estou forçando a fazer isso, o que, provavelmente, a levará a achar que você é alguma espécie de assediadora.

SUGESTÕES *(boas demais)*

Se passei o ano passado inteiro pegando no seu pé para ser mais como a assistente do meu chefe, não vou ter um ataque de fúria quando você me disser que vai substituí-la agora que ela está saindo.

CONTRAESPIONAGEM *(amadora)*

Não vou mandar você procurar no Google "como saber se estou sendo grampeada" e esperar que você descubra se é o meu caso.

ENCAMINHAMENTO DE E-MAILS *(ataques furtivos)*

Não vou mandar, sem avisar você, o departamento de informática configurar um alerta na minha conta de e-mail que me permite saber se as minhas mensagens estão sendo encaminhadas, de modo que, quando você encaminhar a outra assistente da empresa um e-mail que lhe enviei com a minha agenda, eu a chame à minha sala acusando-a de "espionagem industrial".

INDIFERENÇA E INSULTOS *(imaginados)*

Se um colega não responder a um e-mail meu no mesmo dia, não vou ligar para você no seu celular de manhã cedo para perguntar se você acha que o colega está me evitando "por causa de alguma coisa que eu disse".

CONFUSÃO *(improvável)*

Se nós duas aparecermos no escritório usando camisas da mesma cor, não vou obrigá-la a usar a camiseta tamanho extra-grande da última maratona que a empresa participou que fica guardada no armário do depósito só porque "não quero que alguém confunda a gente".

SUCESSO *(provocando paranoia)*

Não vou obrigá-la a se esgueirar na sala do presidente na hora do almoço para deletar um e-mail que enviei por engano e, quando você tiver sucesso na missão, entrar em modo de interrogatório para saber se você já fez isso comigo.

SENHAS *(minhas)*

Não vou perder toda semana o Post-it com a senha do meu e-mail, cartão de crédito, lojas na internet, games on-line e/ou qualquer outra senha, e ainda me recusar a permitir que você mantenha uma lista de todas as minhas senhas no seu computador "porque não é seguro".

ESPÍRITO DE EQUIPE *(versus puxa-saquismo)*

Não vou tentar sussurrar para você, durante uma reunião, que um colega meu está tentando puxar o saco do presidente, porque o tal colega compartilhou no Facebook o link de um artigo positivo sobre a empresa.

SEGURANÇA *(excessiva)*

Não vou insistir que você tranque a porta da minha sala toda noite de forma que o pessoal da limpeza não tenha como entrar, e você precise aspirar o meu carpete e esvaziar o meu lixo toda manhã. Tudo isso devido ao meu medo incontrolável de alguém entrar e roubar todas as minhas "boas" ideias.

TABUS *(na prática)*

Não vou exigir que você descubra o que puder sobre um determinado projeto no qual outra empresa está trabalhando, mas proibi-la de se referir ao projeto pelo nome, para que ninguém saiba da minha investigação.

CONVERSAS INFORMAIS *(os perigos das)*

Se você estiver conversando com um dos meus colegas antes da reunião, não vou chamá-la à minha sala depois da reunião para saber tudo o que ele disse e tudo o que você pode ter revelado sobre os meus projetos.

FAZENDO ALGO TERRÍVEL *(e usando você de cúmplice)*

Se um dos meus colegas (na verdade mais para rival do que colega, do meu ponto de vista) ficar doente e tirar uma semana de licença, não tentarei espalhar o boato de que a tal colega deve estar para pedir a demissão e insistir que você me ajude a espalhar o rumor entre as outras assistentes.

JOGOS DE ESPIONAGEM
(saindo pela culatra)

Não vou lhe passar informações falsas na tentativa insana de descobrir se você sai por aí revelando as coisas que lhe conto em segredo, porque já vi muitos filmes de espionagem e ficar furiosa quando você usar essas informações falsas em um dos projetos no qual está trabalhando.

MEMÓRIA FOTOGRÁFICA
(que eu não tenho)

Não vou acusá-la de entrar na minha sala e "mexer nas minhas coisas" enquanto estou almoçando, só porque acho que meu bloco de Post-it não está no mesmo lugar.

NOVAS TECNOLOGIAS DE COMUNICAÇÃO *(uso impróprio das)*

Depois de eu, acidentalmente, clicar no ícone Video Chat do nosso programa de chat em uma conversa com você, fazendo um vídeo do seu rosto aparecer no meu computador e um vídeo do meu rosto aparecer no seu, não vou fazer um grande estardalhaço, cobrir a câmera do meu computador com fita crepe e olhar torto para você como se você estivesse tentando me espionar pelo meu computador.

RECICLAGEM *(mal disfarçada)*

Não vou usar exatamente os mesmos elogios falsos sobre o presidente da empresa que você usou para me elogiar de manhã, sem ter qualquer noção de que estou fazendo isso e sem um pingo de ironia.

DISTRAÇÕES *(acidentais)*

Não vou acusá-la de tentar me distrair de propósito no dia da minha grande apresentação com os seus sapatos que fazem barulho no piso do escritório enquanto você anda.

BAJULAÇÃO *(óbvia)*

Quando chegar ao escritório de manhã, não vou cumprimentar a assistente do meu chefe com um sorriso e um alegre "bom-dia!" mas, ao chegar à sua mesa, grunhir "tá rindo do quê?" enquanto você entrega o meu jornal com uma expressão cuidadosamente neutra, porém simpática, no rosto.

ARROGÂNCIA

(o jeito errado de disfarçar)

Quando eu tiver alguma vitória profissional, não vou insistir que você envie um e-mail para toda a empresa me parabenizando pela vitória "porque, se eu fizer isso, vão achar que sou arrogante!"

PRIORIDADES *(óbvias e deprimentes)*

Não vou passar duas semanas tentando descobrir o presente perfeito de Natal para dar ao meu chefe e somente duas horas decidindo o que dar para meu marido e meus filhos.

NO TRONO *(simbólico, não real)*

Se o presidente da empresa não comparecer a uma das nossas reuniões de equipe, não vou sentar-me à cabeceira da mesa e tentar conduzir a reunião como se me sentar no lugar dele bastasse para me dar automaticamente o poder e a competência para tanto.

OPINIÕES *(incapacidade de ter uma sem mudar de ideia)*

Não vou mudar de opinião dependendo do contexto, mudando de ideia com tanta frequência, que você acaba sem saber o que realmente quero e não consegue terminar o projeto que mandei você fazer, já que é impossível escrever um relatório recomendando duas ideias mutuamente exclusivas.

SEGURANÇA

(em detrimento da acessibilidade)

Não vou insistir em ficar com as chaves dos armários contendo meus arquivos pessoais que, como seria de se esperar, vou perder quase imediatamente. E, quando você revelar que tem uma cópia, berrar com você por "não prezar pela segurança das minhas coisas" em vez de agradecer por me possibilitar o acesso ao meu passaporte quando eu precisar dele.

SEGREDOS

(desnecessariamente escondidos)

Não vou tentar esconder a tela do meu computador quando você entrar na minha sala enquanto eu estiver vendo o meu extrato bancário na internet, sem lembrar que é você quem paga a minha fatura do cartão de crédito todo mês, que foi você que configurou a minha conta bancária na internet para começar e que é você quem abre todos os meus holerites para mim porque não quero correr o risco de cortar a mão com o papel.

INTERAÇÕES NO ESCRITÓRIO

Analisando por nível hierárquico

AÇÃO DIRECIONADA A	ASSISTENTE	CHEFINHO
ASSISTENTE	Amizade com uma pitada de concorrência	Gabar-se sem parar de ter sido promovido, seguido de um medo persistente de o assistente estar tentando puxar seu tapete (e está mesmo)
CHEFINHO	Revirar de olhos sempre que o chefinho pede a ela para fazer algo, seguido de meia hora resmungando que a assistente não trabalha para o chefinho, o que resulta num trabalho meia-boca	Medo, desconfiança e raiva com o fato de outra pessoa ter sido promovida também; dá um sorrisinho amarelo passivo-agressivo quando o outro chefinho tem alguma vitória no trabalho; mal consegue conter um olhar malévolo quando o outro chefinho dá de cara com a parede
CHEFE	Uma sólida crença, com base na experiência, de que o chefe está fingindo ser muito mais esperto do que realmente é; faz a contragosto o que o chefe manda fazer, só porque quem assina os cartões de ponto dele é o chefe	Falsa admiração, enquanto tenta ocultar o plano de aprender o máximo possível sobre o trabalho e os projetos do chefe para o chefinho assumir o comando quando o chefe acabar no olho da rua (com um empurrãozinho do chefinho, é claro)
CHEFÃO	Temor combinado com uma vontade irresistível de tirar sarro da aparência, personalidade ou outras peculiaridades do chefão com outros assistentes, em toda e em qualquer oportunidade	Crença absoluta de que o chefão escolheu a dedo o chefinho para uma promoção; sendo que na verdade o chefão mal sabe o nome do chefinho

AÇÃO FEITA POR

CHEFE	CHEFÃO
Espera da assistente perfeição no trabalho, apoio moral 24 horas por dia e, nas horas vagas, uma babá e uma designer de convites de aniversário	Não nota e nem se importa com qualquer assistente com exceção do seu próprio (e isso só quando ele pisa na bola)
Dicas "úteis" condescendentes que supostamente deveriam dar ao chefinho um valioso conhecimento do setor, mas que, na verdade, não passa de uma demonstração de poder para o chefe deixar claro que ainda manda no chefinho	Lembra vagamente do chefinho da ocasião em que ele foi promovido; às vezes até presta atenção quando ele fala nas reuniões, mas só raramente
Concorrência acirrada mal dissimulada; hostilidade aberta e as portas fechadas. Piadas atrapalhadas nos discursos das festas do escritório sobre como eles podem parecer se odiar, mas na verdade são "como verdadeiros irmãos"	Tolera a incessante bajulação do chefe para tentar aprovar os próprios projetos antes dos outros já que o chefão sabe que é essa atitude bajuladora do chefe que possibilita ao chefão trabalhar só quatro horas por dia
Falsa admiração para tentar aprovar os próprios projetos antes dos outros, sempre de olho numa chance de destronar o chefão	Total confiança e parceria ou, mais provavelmente, total desconfiança e ódio; uma relação que vai ditar toda a cultura da empresa

COMO LIDAR COM O CHEFE:
LIÇÕES PARA INICIANTES

Consultas para saber a sua opinião (Como lidar com elas)

Peço a sua opinião sobre uma apresentação que acabei de fazer.

Você foi bem.

Diga a verdade desta vez! Êêêêêêêêêê! Excelente trabalho, chefe!

Distorça ligeiramente a verdade e me elogie, mas dando a perceber que você só está falando o que quero ouvir.

Você não foi bem.

Não foi nada bem.

Não foi um desastre completo.

Receba agradecimentos sinceros por todo o trabalho duro ao me ajudar com o projeto.

Então tá, então.

Receba um olhar desconfiado em resposta ao seu entusiasmo incomum.

Seu malandro!

Tire um minuto para curtir o meu olhar preocupado enquanto agradeço e vou correndo à minha sala tentar descobrir onde foi que errei.

Minta. Foi ótimo, as pessoas só não estavam prestando atenção/não sabiam de nada/estavam sendo rudes/são umas idiotas.

Acene intensamente com a cabeça enquanto repito tudo o que você acabou de dizer, numa tentativa de convencer a mim mesmo de que é verdade.

Ouça um sermão sobre como você não sabe de nada, como ousa tentar me dar conselhos e que você tem sorte de eu não demiti-la agora mesmo.

Faça uma crítica sincera e construtiva. Diga-me o que você acha que foi bom e o que você acha que nós (tomando o cuidado de usar essa palavra) poderíamos melhorar da próxima vez.

Observe que no fundo eu aceito as suas sugestões e melhoro muito a minha próxima apresentação.

De volta ao trabalho.

EQUIPAMENTOS E MATERIAIS DE ESCRITÓRIO

Podem salvar a sua vida ou acabar com ela

PAPEL *(poupando tempo)*

Não vou me recusar a comprar papel perfurado "para poupar o dinheiro do escritório" e gritar que você está "demorando muito" para perfurar as seis cópias de um documento de 150 páginas que preciso para uma reunião daqui a 20 minutos.

CANETAS, PARTE 1

Depois que você passou dois meses se lamentando, implorando e suplicando com o gerente do almoxarifado para comprar as canetas de que você gosta, não vou decidir que também gosto delas e despejar a caixa inteira no meu porta-canetas, deixando você só com uma para usar até a próxima rodada de pedidos de materiais de escritório.

CANETAS, PARTE 2

Não vou pegar distraidamente canetas da sua mesa, mastigar as pontas e devolvê-las sem comentar sobre o fato de elas parecerem ter sido mordidas por cachorro.

CANETAS, PARTE 3

Não vou obrigá-la a comprar as canetas de que você gosta do seu próprio bolso "porque elas são caras demais para a verba do escritório" e descaradamente pegá-las "emprestadas"... para sempre.

CANETAS, PARTE 4

Não vou me apropriar de todo o estoque de canetas azuis e pretas do escritório, e, quando você tiver só uma caneta vermelha para escrever, reclamar que parece que voltei à escola e você é a minha professora.

SELETIVIDADE *(contraproducente)*

Não vou me recusar a ler os documentos impressos enquanto as pastas da minha cor favorita não forem estocadas no almoxarifado, e ainda culpá-la por atrasar o nosso fluxo de trabalho.

COMPUTADORES *(causando inveja)*

Depois que eu passar seis meses dizendo que você deveria comprar um computador novo e você, finalmente, poupar o suficiente para comprar o melhor e mais descolado, não vou lhe enviar uma lista de links de artigos sobre o que há de errado com esse computador só porque estou verde de inveja.

CADEIRAS *(tortura)*

Se a minha cadeira quebrar porque não paro de me contorcer e girar nela, vou pedir que você providencie uma nova assim que possível. Não vou obrigá-la a trocar de cadeira comigo, forçá-la a lidar com as consequências desagradáveis das minhas ações e insistir que não temos verba suficiente para repor a "sua" cadeira agora.

FRAGMENTADORES DE PAPEL *(complexos)*

Não vou atolar o triturador de papel na tentativa de destruir, desesperadamente, documentos confidenciais, o que insisti que eu mesma faria apesar de eu já tê-los enviado por e-mail para você imprimi-los para mim, de modo que você, não somente tem uma cópia eletrônica desses documentos "confidenciais" como poderia imprimir mais cem cópias se quisesse.

O AR-CONDICIONADO *(levando a atos de perversidade)*

Não serei tão sensível à temperatura a ponto de obrigá-la a passar, em média, uma hora por dia ajustando o ar-condicionado porque "está um pouco frio/quente demais e não consigo me concentrar".

PLANTAS *(de plástico)*

Não vou insistir que você regue, regularmente, as plantas de plástico da minha sala "só para manter as aparências".

MATERIAIS DE ESCRITÓRIO *(poupando tempo)*

Não vou insistir que você me entregue cada documento em uma pasta etiquetada mas me recusar a comprar uma etiquetadora para a sua mesa, de modo que, sempre que eu precisar de algo urgente, você precise demorar, pelo menos, 10 minutos para achar a etiquetadora do escritório e configurá-la para a fonte e o tamanho de que gosto, enquanto eu pergunto insistentemente "por que está demorando tanto?"

COMPUTADORES *(sistemas operacionais)*

Não vou obrigá-la a passar cinco horas fazendo o upgrade do meu computador de trabalho, do meu computador pessoal, do meu iPad e do meu iPhone para os mais recentes sistemas operacionais e fazer você passar as próximas cinco horas explicando cada minúscula diferença entre a versão antiga e a nova, já que não tenho noção de como isso funciona.

TECNOLOGIA *(causa e efeito)*

Se eu jogar, por frustração, um dispositivo eletrônico, como um mouse, celular ou laptop, na parede, e você fizer a gentileza de pegá-lo e devolvê-lo para mim, não vou olhar para você e perguntar, intrigada "como é que isso foi quebrar?"

QUALIDADE *(desnecessária)*

Não vou obrigá-la a passar uma boa meia hora procurando um papel especial para imprimir um documento importante que preciso assinar e enviar a alguém e, depois de assinar o documento nesse papel, devolvê-lo a você para que você possa escaneá-lo e enviá-lo por e-mail.

DESPESAS POSTAIS *(excessivas)*

Não vou insistir em usar, eu mesma, a franquia postal do escritório dizendo "é só uma carta!" e depois mandar a contabilidade falar com você sobre o selo de R$ 84,00 que foi usado naquele dia.

EQUIPAMENTOS DE ÁUDIO E VÍDEO *(a melhor solução)*

A minha solução para o fato de eu não saber ligar a TV do escritório não será apertar todos os botões do controle remoto ao mesmo tempo, até o equipamento entrar em configurações que o departamento de informática nunca ouviu falar. A minha solução será pedir para você me ajudar, o que você fará, tranquilamente, seguindo a página de instruções plastificada e bem explicada que fica sempre ao lado do controle remoto.

INFORMÁTICA *(especificidades)*

Quando o meu computador tiver um problema, vou lhe dizer exatamente qual é o problema e o que eu estava fazendo quando deu o erro. Não vou lhe dar uma lista de problemas genéricos como dizer: "está lento", "tem alguma coisa esquisita", "meu e-mail está estranho", "congelou depois que fiz um negócio", o que fará o pessoal de informática odiar nós duas.

COSTURAR ROUPAS *(apesar de não constar na sua descrição de cargo)*

Não vou esperar que você mantenha um kit de costura na sua gaveta para costurar botões caídos da minha roupa – não a roupa que estou usando agora, mas as que levo ao escritório para você consertar, porque sou muito mão-de-vaca e é muito melhor mandar você fazer algo para mim de graça do que pagar uma costureira.

ACUSAÇÕES DE DESPERDÍCIO *(exageradas)*

Não vou viver pegando lenços de papel da sua mesa, nunca ter a minha própria caixa de lenços e acusá-la de desperdício de dinheiro da empresa "porque vejo uma caixa de lenços nova na sua mesa toda semana!"

ILUMINAÇÃO *(importância da)*

Não vou exigir que você mantenha desligada a sua luminária pequena, porém muito útil na maior parte do dia, em uma tentativa equivocada de aderir ao programa de economia de energia da empresa, insistindo que a lâmpada fluorescente oscilante e tremeluzente acima da sua mesa "deve dar conta do recado".

CABOS DE ALIMENTAÇÃO *(distinção entre eles)*

Nunca tentarei desconectar eu mesma um cabo de alimentação, a menos que eu tenha absoluta certeza de qual é qual. Não vou culpá-la quando eu tirar o cabo errado da tomada, desligando o meu computador e apagando a minha última hora de trabalho porque ainda não aprendi a salvar os documentos em intervalos regulares. E, depois da terceira vez em duas semanas cometendo esse mesmo erro, não vou acusá-la de "me tratar como uma criança" quando você sugerir que poderia ser interessante etiquetar cada cabo com o nome do dispositivo ao qual ele pertence.

AS TESOURAS *(sim, consigo quebrá-las)*

Não vou pegar sua tesoura emprestada e, 15 minutos depois, devolvê-la com as lâminas cheias de restos de fita adesiva... sem ao menos agradecer.

BOTÕES *(uso excessivo de)*

Quando a copiadora não estiver funcionando, o que é o caso em cerca de 33% do tempo, pedirei imediatamente a sua ajuda, reconhecendo que você já sabe corrigir o problema (o que é algo bem deprimente para você). Não ficarei pressionando, repetidamente, o botão verde da copiadora até cansar e, só depois, pedir a sua ajuda, para que, quando você corrigir o problema, a máquina cuspa cinquenta cópias e não só uma, me dando a chance de fazer um sermão sobre o desperdício de papel enquanto você joga tudo no lixo.

PEDINDO AJUDA *(é uma armadilha)*

Não derrubarei tachinhas por todo o chão da minha sala e depois chamá-la para "me ajudar com um negócio", sem antes avisar que "o negócio" são as tachinhas que agora estão grudadas nos seus sapatos de sola fina.

PRODUTOS DE LIMPEZA *(arruinando os)*

Não vou cobrir a tela do meu computador de comida quase todo dia e pedir para emprestar o seu "paninho mágico", que você comprou para limpar o seu laptop pessoal e que jamais deveria ter me deixado ver.

CANETAS *(identidade equivocada)*

Depois de ficar sabendo que canetas para retroprojetor podem ser usadas para escrever, com segurança, em telas de computador, não me entusiasmarei e testarei no seu computador, percebendo, tarde demais, que o que está na minha mão não é uma caneta de retroprojetor, mas uma caneta permanente.

ACÚMULO *(desnecessário)*

Não vou mudar o design dos meus cartões de visita todo mês mas, me recusar a permitir que você recicle os antigos "só para o caso de eu decidir voltar a usá-los" (o que jamais vai acontecer), deixando-a com uma gaveta cheia de caixas de cartões de visita velhos e nenhum lugar para guardar as coisas que você usa todos os dias para trabalhar.

VERBAS *(sem sentido)*

Não vou mandá-la comprar R$ 800,00 de material escolar extravagante para os meus filhos, mas me recusar a pedir um novo scanner para o escritório porque "é caro demais", obrigando-a a usar o scanner antigo, que leva 5 minutos para escanear uma página e a imagem é tão ruim que me faz reclamar todas as vezes.

FITA ADESIVA *(dificuldades com)*

Não vou tirar sarro de você quando você levar mais de dez segundos para encontrar a ponta de um rolo de fita adesiva. Levando em conta que a razão pela qual você está tentando encontrar a ponta é que, quando eu tentei fazer isso, acabei frustrado, joguei o rolo na parede e derrubei um quadro.

FALHAS MECÂNICAS *(inevitáveis)*

Não vou, em hipótese alguma, tentar usar qualquer função da copiadora que não seja a função básica "cópia", porque, sempre que tento usar qualquer outra função, você precisa passar 30 minutos removendo todas as portas e desmontando a máquina até encontrar o pedaço de papel que eu tive o dom de deixar preso no canto mais profundo, mais escuro e mais inacessível da máquina.

FRANQUIA POSTAL *(sentidos ocultos da)*

Não vou obrigá-la a calcular quanto vai sair em selos para mandar um pacote pelo correio, em vez de usar a franquia postal do escritório, só porque estou mandando o pacote para alguém que quero impressionar e acho que "os selos dão um toque mais pessoal".

COMO LIDAR COM O CHEFE: LIÇÕES PARA INICIANTES

Meu computador (diagnóstico e tratamento)

Eu fiz uma besteira e não sei o que aconteceu.

Não, na verdade não está.

Meu computador está quebrado

Peraí, está quebrado mesmo! Fisicamente quebrado!

Ligue para o setor de informática.

Ligue para o setor de informática.

Ouça as minhas reclamações sobre a eternidade que o técnico está levando para chegar (15 minutos).

Espere o técnico chegar para confirmar que sim, você sabe como desfazer uma ação no Word.

Conserte você mesma.

Espere uma semana e repita.

Receba um agradecimento desconfiado, seguido de um interrogatório minucioso sobre quantas das minhas senhas você sabe (todas, porque foi você que as configurou).

Tente responder a pergunta “por que exatamente o seu chefe jogou o laptop repetidamente contra a parede?”

Desfrute de uma semana inteira tentando restaurar meus dados, configurando um novo computador e ouvindo reclamações de que “não ficou exatamente como era antes!”

EXPECTATIVAS X REALIDADE

Utilização do material de escritório

MATERIAL DE ESCRITÓRIO	UTILIZAÇÃO ESPERADA	UTILIZAÇÃO REAL
Marca-texto	Marcar as palavras de amarelo para que elas se destaquem do resto	Marcar as palavras de amarelo para que elas se destaquem do resto, sendo que nada disso será lido
Caneta	Escrever	Escrever furiosamente enquanto dito um parágrafo inteiro sem parar para respirar. Isso se você conseguir encontrar uma caneta, já que tenho mania de roubá-las, casualmente, da sua mesa todos os dias
Lápis	Escrever coisas que podem ser apagadas mais tarde	Mordedores para chefes
Post-it	Uma superfície para escrever uma anotação ou instrução clara e concisa, para ser deixada em um local bem visível	Uma superfície para tentar anotar todo um parágrafo de rabiscos vagos e indecifráveis, que, uma vez decifrados, não fazem sentido algum; se é que você vai conseguir encontrá-los, já que tenho a mania de grudar os Post-its em qualquer lugar depois de escrever

MATERIAL DE ESCRITÓRIO	UTILIZAÇÃO ESPERADA	UTILIZAÇÃO REAL
Clipe de papel	Unir duas ou mais folhas de papel temporariamente	Unir-se um ao outro automaticamente formando um nó inexplicável exatamente quando mais preciso de um clipe
Grampeador	Unir duas ou mais folhas de papel permanentemente	Grampear de todas as formas, menos da maneira correta
Fita adesiva	Fechar pacotes para o transporte	Grudar em qualquer coisa menos no lugar certo do pacote
Removedor de grampos	Remover grampos do papel sem rasgá-lo	Abrir buracos no canto superior esquerdo do papel e perfurar o seu dedo
Abridor de cartas	Abrir cartas sem ter de rasgar o envelope com os dedos, como uma criança	Objeto cênico para fantasias dramáticas de homicídio pelas costas do chefe
Aquecedor	Aquecer os pés quando a temperatura do escritório despenca para perto dos níveis de congelamento durante o verão	"Acidentalmente" queimar o mesmo fusível que alimenta o computador, de modo que você não pode trabalhar durante os 30 minutos que o pessoal da manutenção leva para resolver o problema

CHATS DO INFERNO:
CONVERSAS ROTINEIRAS

Mensais

CHEFE: Preciso do seu carregador de celular. 14:37

14:38 Acho que já está com você. Você pegou hoje de manhã. :ASSISTENTE

CHEFE: Ah... 14:39

CHEFE: Vamos encomendar um novo carregador de celular. 15:00

CHATS DO INFERNO: CONVERSAS ROTINEIRAS

Semanais

CHEFE: Cadê o meu durex? 11:32

11:32 Do lado direito da sua mesa, ao lado do seu computador. ASSISTENTE

CHEFE: Não estou vendo. 11:33

11:33 O outro lado direito. ASSISTENTE

CHEFE: Achei. Quem você pensa que é para tirar sarro de mim desse jeito? 11:34

CHATS DO INFERNO:
CONVERSAS ROTINEIRAS

Diariamente

CHEFE: Meu grampeador está vazio. 17:41

CHEFE: Os grampos estão aqui. 17:41

CHEFE: Você só precisa abrir o grampeador, colocar os grampos e fechá-lo. 17:41

17:42 Já estou indo. :ASSISTENTE

2.

TEMPO

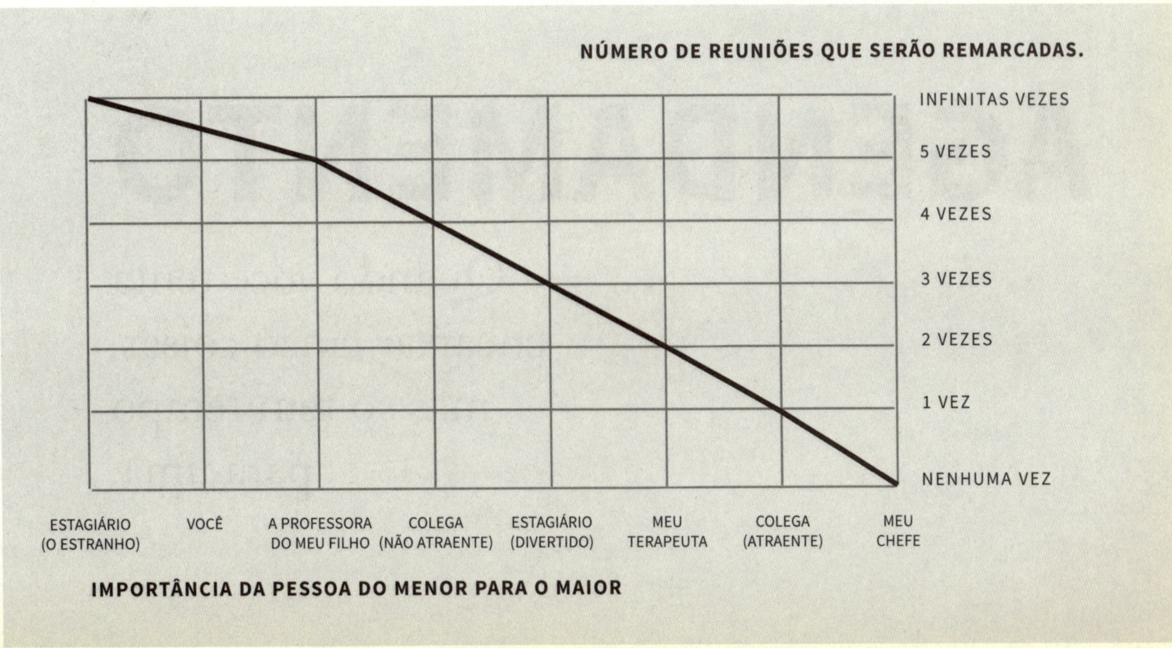
NÚMERO DE REUNIÕES QUE SERÃO REMARCADAS.
INFINITAS VEZES
5 VEZES
4 VEZES
3 VEZES
2 VEZES
1 VEZ
NENHUMA VEZ
ESTAGIÁRIO (O ESTRANHO)
VOCÊ
A PROFESSORA DO MEU FILHO
COLEGA (NÃO ATRAENTE)
ESTAGIÁRIO (DIVERTIDO)
MEU TERAPEUTA
COLEGA (ATRAENTE)
MEU CHEFE
IMPORTÂNCIA DA PESSOA DO MENOR PARA O MAIOR

AGENDAMENTO

Quando você tenta
encaixar cinco coisas,
mas só tem tempo
para uma.

35%

USANDO A INTERNET

para "pesquisar"

15%

SONHANDO ACORDADA

depois de ver a foto da casa dos meus sonhos em um site imobiliário

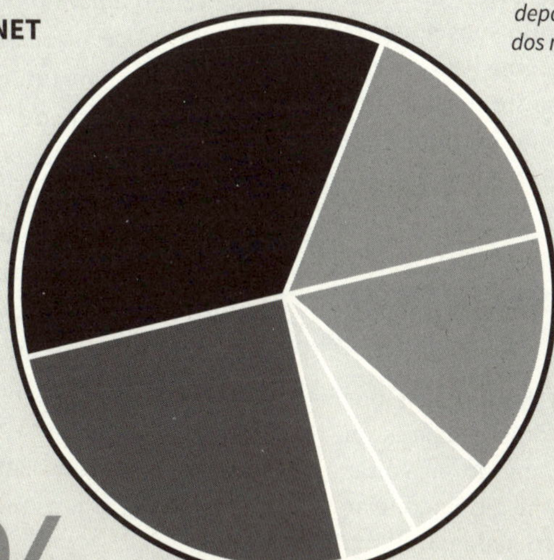

15%

FAZENDO UM COPO DE CAFÉ

eu mesma, só para variar, justificando a demora porque preciso de cafeína para me concentrar

5%

PARANDO NA SUA MESA

na esperança de você me lembrar de alguma coisa que preciso fazer e que vai dar menos trabalho

25%

ME PREPARANDO PSICOLOGICAMENTE

para trabalhar no projeto revendo os fracassos dos meus colegas

5%

EFETIVAMENTE TRABALHANDO

no projeto

O TEMPO QUE PASSO "TRABALHANDO" EM UM PROJETO

Analisando por partes...

INDEPENDÊNCIA

(é bom ou ruim ter?)

Não vou ficar brava com você por "tomar a a liberdade" de adiar 30 minutos uma conferência telefônica quando estou atrasada para o trabalho e não atendo suas ligações ou respondo seus SMSs e, uma semana depois, dizer que você precisa "tomar a iniciativa e ser mais independente ou nunca vai chegar a lugar algum na vida".

MAGIA DO DESAPARECIMENTO

(efeitos)

Não vou desaparecer da minha sala por 45 minutos, deixar meus dois celulares na mesa e gritar com você quando eu voltar porque você não conseguiu me encontrar e agora estou 5 minutos atrasada para uma conferência telefônica.

FALTA DE EDUCAÇÃO *(forçada)*

Não vou obrigá-la a remarcar uma reunião seis vezes, com diferença de 10 minutos, para conciliar a agenda do meu badalado cabeleireiro que não para de mudar e repreender você por "me fazer parecer mal-educada aos olhos dos colegas".

CÍRCULOS VICIOSOS

(autoperpetuados)

Quando você finalmente me convencer a agendar uma série de importantes reuniões que venho adiando por um tempo, não vou mandar você marcá-las todas numa única semana em um futuro distante e, quando essa semana chega, gritar com você por "encher a minha agenda com reuniões que não passam de uma grande perda de tempo". Também não vou obrigá-la a remarcar todas as reuniões para outra semana em um futuro distante, enfurecendo os assistentes das pessoas com quem eu deveria me reunir, que passaram pelas próprias versões dessa situação para agendar a reunião, e nos forçando a passar por todo o processo novamente, alguns meses depois.

REUNIÕES AGENDADAS

(realmente querendo que elas aconteçam)

Quando eu mandar você marcar uma reunião ou conferência telefônica, você pode presumir que realmente quero falar com as pessoas envolvidas e que não direi, 30 minutos antes da hora marcada, algo como: "eu por acaso mandei você agendar isso? estou ocupada demais para isso agora, se vira!".

AJUDAR A MIM MESMO

(ajudando você)

Quando você me perguntar como prefiro marcar uma grande reunião, não vou responder "sei lá, não faço mais isso" e me afastar, deixando a seu critério agendar a reunião do jeito que você puder com base na sua própria experiência, o que depois vou classificar como "pouco profissional" e dizer que "manchou a minha imagem e o meu trabalho".

CONVITES *(realmente ler)*

Quando eu receber um convite para um evento de caridade, vou abri-lo, lê-lo e, se o evento me interessar, consultar a minha agenda para ver se estou livre. Não vou jogar o envelope fechado na sua mesa, dizer que quero ir ao evento, obrigá-la a cancelar um importante jantar de trabalho com outras cinco pessoas e, um dia antes do evento, perceber que li errado o remetente no envelope e que alguém que odeio está no conselho. Diante dessa confusão, não vou obrigá-la a dar um jeito de escapar da doação de R$ 1.000,00 para uma boa instituição de caridade e, ao mesmo tempo, tentar freneticamente remarcar o jantar original.

TELEPATIA *(expectativas)*

Não vou agendar eu mesma um almoço importante, sem confiar que você seria capaz de fazer isso direito, esquecer de informá-la ou marcar na minha agenda e surtar quando eu chegar ao restaurante sem ter uma reserva.

REUNIÕES FORA DO ESCRITÓRIO

(para que me dar ao trabalho?)

Não vou lhe dizer para ir em frente e marcar uma reunião externa e, um dia antes da reunião, zombar de você quando você me perguntar se pode confirmar a reunião, perguntando, irônica, se "você acha mesmo que eu atravessaria a cidade para me encontrar com alguém tão irrelevante?"

CANCELAMENTOS

(desperdiçando tempo)

Não vou obrigá-la a se matar na terça-feira para marcar uma reunião com outras cinco pessoas para a quinta-feira e, na manhã de quinta, mandá-la cancelar a reunião com uma desculpa furada de que "não é mais tão importante assim".

DATAS E HORÁRIOS *(utilidade de)*

Se eu pressioná-la para marcar uma reunião urgente, me darei ao trabalho de lhe dizer exatamente quando eu gostaria de fazer a reunião. Quando você finalmente conseguir marcá-la, não vou gritar com você reclamando que tinha de ser antes, tinha de ser depois, que você marcou a reunião cedo demais ou tarde demais ou perto demais da hora do almoço.

PRIMA-DONAS *(como ser uma)*

Não vou mandá-la marcar uma reunião com mais de duas pessoas, passar um único horário e um único dia "bom" para mim, forçá-la a implorar às assistentes dos outros participantes para dar um jeitinho de me encaixar na agenda deles e, quando você finalmente conseguir marcar a reunião, descobrir que tenho uma consulta com o médico naquele dia que eu nunca cheguei a marcar na minha agenda e me recusar a remarcar a consulta, mesmo sabendo que o médico poderia me atender no dia seguinte.

FUSOS HORÁRIOS *(importância dos)*

Em uma viagem de negócios em um fuso horário diferente, não vou sair daquele fuso horário e viajar para um horário diferente sem informá-la e fazer um escândalo quando eu passar 10 minutos ouvindo a musiquinha de espera da conferência telefônica (coisa que a obrigo a fazer quase toda semana porque sou patologicamente incapaz de ser pontual em uma conferência telefônica), antes de perceber que você marcou a conferência na minha agenda no horário correto para o fuso horário da viagem original.

ALERTAS *(ignorados)*

Não vou culpá-la quando as pessoas cancelarem uma reunião que mandei você marcar para uma sexta à tarde antes de um feriadão, sendo que você tinha me avisado que isso provavelmente iria acontecer.

TORTURA

(também faz parte do seu trabalho)

Não vou fazer com que a tarefa de repassar a minha agenda comigo seja tão penosa e dolorosa que você prefira fazer isso por e-mail, o que me leva a acusá-la de ser "passiva e evasiva".

CANCELAMENTOS *(inesperados)*

Não vou remarcar a minha consulta com o médico na segunda de manhã sem informá-la e sem fazer a alteração na agenda e ficar brava com você por chegar ao trabalho às 9h15, e não às 9h00, porque você achou que eu estaria no médico até as 11h00.

MILAGRES DE AGENDAMENTO

(tratadas com descaso)

Não vou esperar que você consiga marcar uma conferência telefônica com seis pessoas tão ocupadas quanto eu com apenas 15 minutos de antecedência e, quando você realmente conseguir realizar essa façanha, decidir, no último instante, remarcar para o dia seguinte porque, de repente, "perdi a vontade de falar com essa gente hoje".

MINHA AGENDA

(a razão de mantê-la atualizada)

Se eu insistir que você passe uma grande parte do seu dia atualizando a minha agenda com todos os detalhes das várias reuniões que você marcou para mim, inclusive onde elas ocorrerão, quem participará e sobre o que será a reunião, efetivamente consultarei essas informações na minha agenda, que pode ser visualizada facilmente no meu computador do escritório, no meu laptop pessoal e no meu smartphone, para me preparar para o dia seguinte. Não vou obrigá-la a ler essas informações para mim pelo telefone toda manhã e repeti-las ao longo do dia no escritório porque sou perfeitamente capaz de reter algumas coisas na memória por uma ou duras horas.

LEMBRETES *(coerência)*

Quando eu tiver uma conferência telefônica na segunda-feira às 10 da manhã e você me lembra às 9h55 que a conferência começará em 5 minutos, não vou grunhir "você acha que tenho cara de idiota? Eu sei olhar o relógio!". Mas então, quando você interpretar as minhas palavras como uma indicação de que não deve me lembrar da conferência telefônica de sexta-feira às 10 horas, sair correndo do meu escritório às 9h58 na sexta gritando "tenho uma conferência em 2 minutos! Por que você não me lembrou? Está querendo acabar comigo?" e usar os primeiros 5 minutos da conferência para reclamar ostensivamente de você, justificando a minha falta de preparação.

AGENDANDO EU MESMA AS COISAS *(truques sujos)*

Se eu achar que você está demorando demais para marcar uma reunião, não vou ligar diretamente para a pessoa, agendar a reunião eu mesmo e enviar um e-mail para você me gabando de como eu "consegui" marcar a reunião... num horário que eu tinha dito expressamente que não seria bom para mim em virtude de um "compromisso pessoal" (que nós duas sabemos que era uma sessão de depilação a laser) que me recusei a remarcar quando você sugeriu, mas que fiquei mais do que feliz em cancelar só para demonstrar a sua incompetência.

A MINHA AGENDA

(por que você é quem a controla)

Não vou confundir o dia da semana, insistir que a conferência telefônica marcada na agenda para amanhã deveria ser hoje, me recusar a acreditar no e-mail que você me encaminhou para provar que você está certa e estou errada e obrigá-la a ligar para todos os participantes para confirmar a data, obrigando-a a fazer papel de idiota na frente de várias pessoas que até então acreditavam que você era minimamente competente.

REUNIÕES *(quanto tempo demora)*

Quando você me disser que acha que eu deveria reservar pelo menos uma hora e 15 minutos para uma determinada reunião, vou confiar em você em vez de insistir que "não vai levar mais de 30 minutos", mandando-a marcar outra reunião importante começando exatamente uma hora depois do início da primeira e ficar furiosa com você porque a primeira reunião levou uma hora e meia e você me fez passar um carão deixando os participantes da segunda reunião tomando chá de cadeira por meia hora na recepção.

JANTAR *(horário normal do)*

Não vou obrigá-la a marcar todos os meus jantares de negócio para as 20h30 para conciliar a minha sessão de academia ridiculamente intensa, porém claramente ineficaz, obrigando-a a esperar no escritório até as 20h45 (o horário em que eu consigo chegar ao jantar) três ou quatro noites por semana. Em vez disso, vou pedir que você agende os jantares para as 19h30, permitindo que você saia do escritório num horário um pouco mais normal, com o benefício adicional de manter os participantes do jantar com um humor um pouco melhor, impedindo que o nível de glicose deles caia muito antes do jantar.

AGENDA LIVRE
(culpando você por isso)

Quando pessoas que considero irrelevantes, solicitarem reuniões comigo, não vou obrigar você a marcar essas reuniões para daqui a dois meses e depois reclamar que "você está deixando a minha agenda vazia e eu deveria estar muito mais ocupada do que estou no momento".

AGENDAR REUNIÕES
(a verdadeira razão para)

Não vou insistir que você agende uma reunião para um dia no qual estarei viajando só para marcar a reunião para o mais breve possível e tranquilizar as pessoas que não saem do meu pé, em vez de agendá-la para dez dias depois, quando eu realmente poderei comparecer e, dessa forma, lhe poupar de passar por incompetente quando você precisar cancelar a reunião em meu nome assumindo toda a culpa do ocorrido, como mandei você fazer.

SEU TRABALHO DURO
(anulando todo o)

Marcarei cabeleireiro nos fins de semana em vez de marcar impulsivamente horários no meio da semana, o que me deixará impossibilitada de comparecer a reuniões que você levou quatro dias inteiros, e várias cervejas de graça prometidas a três assistentes diferentes, para marcar.

GUERRAS DE PODER *(ridículas)*

Quando eu finalmente concordar em me reunir com alguém que considero muito menos importante que eu, não vou me recusar a agendar a reunião em qualquer um dos horários disponíveis da pessoa e insistir em horários bizarros como 9h07, 13h21 ou 18h41, na tentativa de provar que tenho mais poder, mas só conseguindo mostrar que sou uma doida varrida.

CONFERÊNCIAS TELEFÔNICAS *(financeiramente prejudiciais)*

Não vou mandá-la agendar conferências telefônicas para, exatamente, às 9h00 só para obrigá-la a chegar ao escritório 15 minutos antes do seu horário normal, um tempo pelo qual você não será pago devido à rigorosa política de horas extras da nossa empresa, da qual estou bem ciente, mas que faço questão de ignorar usando a desculpa de que você "não está fazendo mais do que a sua obrigação".

CHATS DO INFERNO: PRIORIDADES DE AGENDAMENTO

(Confusas)

CHEFE — O que aconteceu com a reunião que mandei você marcar com o Pedro? 10:01

ASSISTENTE — 10:01 Mandei para você, hoje de manhã, um e-mail com os horários disponíveis dele. São os únicos horários que ele tem nas próximas semanas. Vou enviar de novo.

CHEFE — Todos esses horários caem bem na hora da minha academia. 10:05

ASSISTENTE — 10:05 Seria possível remarcar uma das suas sessões de academia para encaixar a reunião? Posso ligar para a academia e lhe mandar uma lista de horários alternativos do seu personal trainer.

CHEFE — Não. veja outros horários com eles e dê um jeito nisso logo. prioridade máxima!!! 10:06

27%

PESSOAS QUE ESTÃO TENTANDO MARCAR UMA REUNIÃO COMIGO

há seis meses, mas que eu continuo adiando porque acho que estão abaixo de mim

10%

PESSOAS QUE REALMENTE ESTÃO ABAIXO DE MIM,

mas que são atraentes ou têm conexões com alguém importante

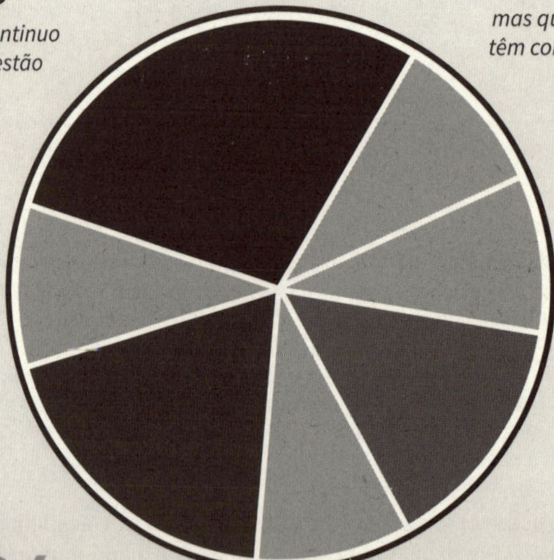

10%

COLEGAS DO ESCRITÓRIO,

porque deveríamos estar trabalhando juntos em um projeto apesar de nos odiarmos

10%

PESSOAS QUE ACREDITO EQUIVOCADAMENTE

que estão no mesmo nível profissional que eu e que mandarão a assistente delas adiar a reunião por tanto tempo que só me resta gritar com você

19%

PESSOAS COM AS QUAIS ESTOU TRABALHANDO

em projetos específicos

10%

PESSOAS MAIS OU MENOS RELACIONADAS

com o meu trabalho

14%

PESSOAS COM QUEM O MEU CHEFE

está me forçando a fazer reuniões que ele quer evitar

REUNIÕES QUE EU MANDO VOCÊ AGENDAR

Analisando por partes...

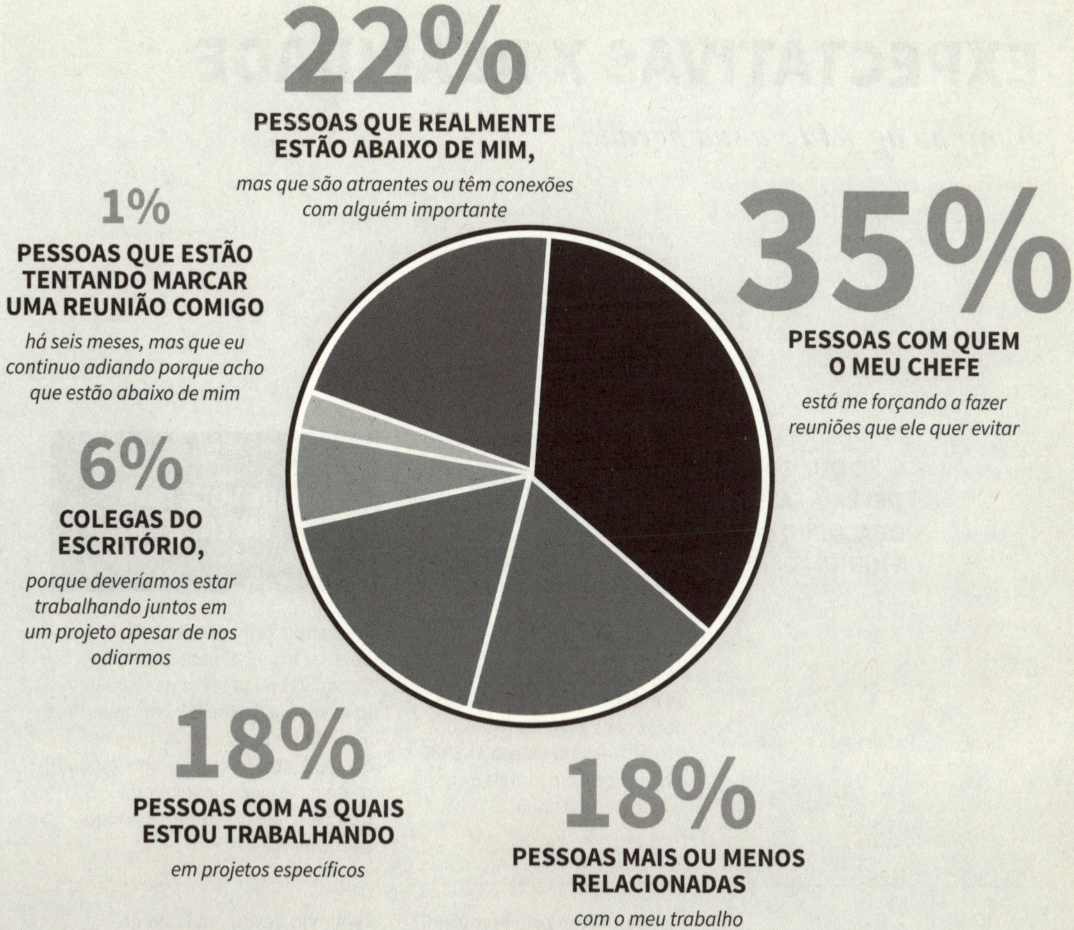

REUNIÕES QUE EU REALMENTE FAÇO

Analisando por partes...

EXPECTATIVAS X REALIDADE

A minha agenda e a sua agenda

	O QUE EU DEVERIA FAZER, DE ACORDO COM A MINHA AGENDA	O QUE EU DE FATO ESTOU FAZENDO	O QUE VOCÊ ESTÁ FAZENDO
9h30	Reunião da equipe	Vasculhando os meus papéis por 15 minutos para encontrar as notas para a reunião que você deixou na minha mesa às 8h30 e que cobri com jornais e com o meu café da manhã	Ignorando as minhas insistências de levar à minha mesa as notas das quais vou precisar na reunião (que você já deixou lá); imprimindo as notas de novo bem na hora em que encontro os originais na minha mesa e lhe lanço um olhar de desprezo que diz "Nem sei por que contratei você"
10h30	(Nada)	Perambulando pelo escritório, conversando com os colegas na tentativa de descobrir se os projetos deles estão melhores que os meus	Tentando desesperadamente descobrir onde estou porque a única pessoa com quem eu preciso falar hoje escolheu, é claro, este momento para ligar

	O QUE EU DEVERIA FAZER, DE ACORDO COM A MINHA AGENDA	O QUE EU DE FATO ESTOU FAZENDO	O QUE VOCÊ ESTÁ FAZENDO
11h30	Reunião com uma pessoa sem importância que fui forçada pelo meu chefe a comparecer	Adiando a reunião ao fazer ligações de 20 minutos com pessoas um pouco mais importantes e, depois de mandar você trazer a pessoa à minha sala, passar 10 minutos conversando com ela antes de lhe enviar um SMS escrito por baixo da minha mesa com instruções para interromper a reunião anunciando uma ligação urgente (e falsa)	Tentando não se sentir culpada a cada vez que você precisa ir à recepção dizer à pessoa com quem eu deveria me reunir que eu ainda estou "presa em um telefonema importantíssimo"; como se tudo isso não bastasse, eu faço questão de ir ao banheiro assim que você finalmente consegue levar a pessoa à minha sala, mesmo sabendo que a reunião vai ser rápida
13h00	Almoço com um velho amigo que trabalha no mesmo ramo	Acumulando uma conta ridiculamente alta em um restaurante de sushi caríssimo, porém insosso, que pagarei com o cartão de crédito da empresa enquanto reclamo de todo mundo com quem trabalho	Comendo a sua marmita à sua mesa porque você não tem condições de comer fora e o escritório não tem qualquer outro lugar para sentar e comer, porque a empresa não se importa muito com o bem-estar dos funcionários
14h30	Reunião semanal do departamento	Dirigindo feito uma louca depois de um almoço de duas horas, insistindo que você vá à sala de conferência dizendo que estou voltando de uma consulta médica, apesar de eu fazer isso quase toda semana	Tentando ignorar o olhar de desprezo dos meus colegas enquanto lhes dá a minha desculpa esfarrapada com toda a sinceridade possível, porque sabe que só terá um emprego na empresa se eu puder continuar empregada

	O QUE EU DEVERIA FAZER, DE ACORDO COM A MINHA AGENDA	O QUE EU DE FATO ESTOU FAZENDO	O QUE VOCÊ ESTÁ FAZENDO
15h30	(Nada)	Efetivamente fazendo algum trabalho	Fazendo o dobro do trabalho que eu, porque você é capaz de se concentrar minimamente
16h30	(Nada)	Depois de ter passado uma hora inteira trabalhando, me permito voltar a perambular pelo escritório e ver o que os meus colegas (rivais) estão aprontando	Tentando, desesperadamente, descobrir onde estou porque a única pessoa com quem eu preciso falar hoje escolheu, é claro, este momento para ligar depois de não ter conseguido falar comigo hoje de manhã
17h30	Conferência telefônica sobre algum projeto.	Mal prestando atenção ao que é dito na reunião enquanto assisto a uma série de vídeos de pessoas levando tombos	Fazendo anotações detalhadas da conferência telefônica, porque você sabe que não estou prestando atenção
18h30	(Nada)	Finalmente retornando as ligações das pessoas que me ligaram hoje, só para descobrir que a maioria delas já foi para casa, por serem pessoas normais	Ouvindo as minhas reclamações de que "hoje em dia ninguém mais trabalha", tentando resistir ao impulso de me dizer que na verdade as pessoas trabalham, só que são duas vezes mais eficientes do que eu

	O QUE DEVERIA FAZER, DE ACORDO COM A MINHA AGENDA	O QUE EU DE FATO ESTOU FAZENDO	O QUE VOCÊ ESTÁ FAZENDO
19h00	(Nada)	Passando tempo na internet e esperando, caso alguém importante ligue (não vai acontecer)	Tentando terminar algum trabalho hoje para não ter de fazê-lo amanhã, um conceito que eu ainda não consegui entender apesar de todos os meus anos neste emprego
19h30	(Nada)	Arrumando as minhas coisas para finalmente voltar para casa, o que leva aproximadamente meia hora, porque me distraio fácil	Me ajudando a encontrar todos os documentos que preciso levar para casa; tentando sair logo do escritório, sem dar muito na cara
20h00	(Nada)	Saindo do escritório, o que você não está autorizada a fazer por mais meia hora, mais uma vez, no caso de alguém importante ligar, o que, mais uma vez, não vai acontecer	Pensando em qual cerveja irá comprar a caminho de casa; e optando pela cerveja com o maior teor alcoólico
22h00	(Viver a minha vida, supostamente)	Finalmente com vontade de trabalhar, mandando por e-mail para você uma série de perguntas e tarefas importantes que precisam ser feitas amanhã e perguntando se você recebeu meus e-mails quando eu não receber uma resposta em menos de 5 minutos	Digitando as letras "O" e "K", em resposta a cada um dos meus e-mails com uma mão enquanto a outra segura a sua quarta cerveja da noite, assistindo um reality show horrível na tentativa de esquecer que amanhã vai ser igual, e talvez pior, que hoje

PACIÊNCIA

Na maioria dos casos, impaciência.

FAZENDO LIGAÇÕES

(dando-lhe tempo suficiente para)

Quando eu lhe pedir para fazer uma ligação, reconhecerei que você precisa de tempo para discar fisicamente os números. Não vou perguntar, dois segundos depois, "o que você está fazendo?". Também não vou mandar você ligar para alguma pessoa e, quando você a transferir ao meu telefone, gritar "quem é esse?" três vezes antes de lhe dar uma chance de responder.

PERGUNTAS

(responder, não humilhar você)

Quando você me fizer uma pergunta para esclarecer algo que mandei fazer, não vou anunciar imediatamente "argh, pode deixar que eu faço!". Vou responder as suas perguntas calmamente e lhe dar a chance de aprender alguma coisa no trabalho, para variar.

SENSO DE URGÊNCIA

(só para ver você suar a camisa)

Não vou dizer que preciso de um livro "urgente", me recusar a deixá-la baixar o livro instantaneamente no meu iPad e obrigá-la a passar duas horas ligando para todas as livrarias dentro de um raio de 30 quilômetros. E, quando você, triunfante, finalmente colocar o livro na minha mesa, deixá-lo lá, intocado, pelas próximas três semanas.

RESERVAS DE VIAGENS

(tortura desnecessária)

Não vou mandar você reservar passagens aéreas pelo telefone, porque "não confio na internet", esperar enquanto você é mantida na espera, ouvindo uma mistura infernal de uma baladinha sonífera e smooth jazz por

45 minutos e, quando você finalmente conseguir falar com um atendente, anunciar que "acabei de pedir para o meu agente de viagens fazer a reserva porque você estava demorando demais".

CHAMADAS RECEBIDAS
(perdendo)

Quando você estiver na outra linha e levar mais de dois segundos para atender um telefone que está tocando, não vou gritar "vai atender ou não?" a plenos pulmões e repetidamente, deixando-a tão nervosa que você deixa a nova ligação entrar no correio de voz enquanto acidentalmente derruba a ligação original. Se eu não quiser perder uma ligação, atenderei eu mesma o telefone, correndo o risco de alguém achar que não tenho uma assistente.

PÂNICO *(contagiante)*

Quando precisar que você faça algo urgente para mim, pedirei calmamente para você, por favor, parar o que está fazendo e me ajudar. Não chegarei à sua mesa batendo os pés com os olhos arregalados e gritar "pare com isso agora! pode parar! pare agora!" esperando que você derrube os papéis das suas mãos e surte comigo por 5 minutos antes de eu lhe dizer o que preciso que você faça.

PERGUNTAS
(dando-lhe uma chance de responder)

Quando o telefone tocar e você atender, o que você faz umas cem vezes por dia, não vou me materializar de repente atrás de você, sussurrando aflita "quem é? quem é?? quem é???"

SOLUÇÕES SIMPLES *(recusando)*

Se eu precisar mudar alguma configuração simples no meu computador, não vou insistir que você chame o técnico em vez de deixá-la fazer você mesma a configuração "porque não quero que você estrague a minha máquina", e depois reclamar que o técnico está demorando demais para chegar e perguntar se "você não tem como dar um jeito de fazer, mais rápido, o que quero?".

FÍSICA *(carregador de bateria)*

Não vou perguntar por que o meu iPad leva "tanto tempo" para carregar, como se você tivesse alguma coisa a ver com isso ou fosse capaz de me dar algum tipo de resposta útil e precisa.

FÍSICA *(fazendo chá)*

Não vou ligar no seu celular enquanto você estiver na cozinha do escritório para perguntar por que está demorando "tanto" para ferver a água do meu chá.

INTERRUPÇÕES *(contraproducentes)*

Quando você estiver fazendo alguma coisa para mim e eu já tiver dito que é urgente, não vou andar para cima e para baixo perto da sua mesa, olhar por cima do ombro e periodicamente perguntar "Já terminou?" Não sou uma criança em uma viagem de carro querendo saber se já chegamos. Sei que você vai me informar quando terminar e, se o projeto é tão urgente assim, devo ter coisas melhores para fazer.

COMPUTADORES *(eficiência dos)*

Não vou mandar você imprimir um documento de cem páginas e gritar com você porque está demorando demais e "preciso ler o documento imediatamente!", quando eu poderia, facilmente, abrir o documento em PDF e ler no meu computador (se fosse mesmo tão urgente assim).

FAZENDO LIGAÇÕES *(desnecessariamente)*

Quando você estiver fora da sua mesa fazendo algo que mandei fazer, não vou ligar da minha sala para o seu celular para mandá-la me transferir para a pessoa que trabalha duas salas ao meu lado. Vou discar, eu mesmo, a extensão de quatro dígitos ou tirar o meu traseiro da cadeira e ir até a sala da pessoa, como qualquer não megalomaníaca normal faria.

ENTREGA INSTANTÂNEA DE COMIDA *(impossibilidade da)*

Quando você me informar que a espera para o delivery do meu restaurante favorito no almoço é de 45 minutos a uma hora, vou responder que acho que é tempo demais e instruí-la a fazer o pedido em outro lugar para que eu possa comer logo, em vez de passar esses 45 minutos a uma hora saindo da minha sala e indo à sua mesa a cada 10 minutos para perguntar "por que a demora?". O que a levará a viver a sua própria versão pessoal do filme *O feitiço do tempo*, com o Bill Murray.

MEU TEMPO *(alocações ofensivas do)*

Não vou alocar a um estagiário 15 minutos inteiros do meu tempo, no horário mais ocupado do dia, para aconselhá-lo a atingir seus objetivos profissionais e, quando você me perguntar, em um momento mais tranquilo, se tenho um tempinho para conversar sobre o seu futuro na empresa, lhe dar somente 5 minutos antes de insistir que "preciso voltar ao trabalho" e "vamos continuar essa conversa na semana que vem" (o que não vai acontecer).

O MAIS RÁPIDO POSSÍVEL *(nenhum relógio marca isso)*

Quando você me perguntar que horas preciso que você entregue um relatório, não vou me limitar a responder "o mais rápido possivel", recusar-me a lhe informar um horário preciso e gritar quando você entregar o relatório dizendo, histericamente, que "agora é tarde demais!".

SOCIALIZAÇÃO *(utilidade da)*

Quando você estiver ao telefone com uma assistente de outra empresa, fazendo amizade, na tentativa de coletar algumas informações que lhe mandei obter, não vou ficar andando de um lado para o outro atrás da sua mesa e dizendo, com a voz alta a ponto de a pessoa do outro lado da linha conseguir ouvir, "Por que está demorando tanto? Preciso saber [a informação] até o fim do dia! Pare de jogar conversa fora!", forçando-a a pedir a informação à queima-roupa à assistente, que, é claro, recusará o pedido.

VIAJAR NO TEMPO *(impossibilidade de)*

Quando lhe mandar transcrever a gravação de uma conferência telefônica de duas horas, não vou esperar que você termine em uma hora e ficar furiosa quando você não conseguir.

RESPOSTAS *(a paciência é relativa)*

Não vou levar duas horas para responder a uma simples pergunta do tipo sim ou não, mas me irritar quando você levar mais de 5 minutos para me dar uma resposta sobre uma questão de agendamento extremamente complexa, envolvendo muitas pessoas.

E-MAIL

(mais rápido que os correios, mas não instantâneo)

Depois que lhe encaminhar um e-mail com um arquivo enorme anexado, não vou correr imediatamente à sua mesa e ficar por perto perguntando repetidamente "por que está demorando tanto?" até o e-mail entrar na sua caixa postal, como se fosse a primeira vez que mando um e-mail.

LISTAS DE TAREFAS

(expectativas impossíveis)

Não vou lhe dar uma lista de quinze tarefas para fazer "hoje mesmo", sendo que nenhuma delas é fácil ou simples e, 30 minutos depois, voltar à sua mesa e perguntar quantas tarefas "ainda faltam".

COMPRAS POR IMPULSO

(irritantes)

Não vou obrigá-la a passar duas horas ligando para todas as locadoras de vídeo da cidade e da região à procura de um DVD obscuro sobre um artista, que alguém que considero importante mencionou no fim de semana, e que você poderia encontrar facilmente numa livraria se eu não tivesse decidido que quero assisti-lo naquela mesma noite ou nunca mais.

PRAZOS *(claros ou confusos)*

Se eu precisar que você faça alguma coisa até um determinado horário, optarei por informar o prazo em vez de ficar respirando no seu cangote e pigarreando enquanto você trabalha, até você perguntar se eu gostaria que você ligasse para a farmácia para pedir um remédio para a garganta.

HORA DO ALMOÇO *(interromper a sua e ainda fazê-la passar vergonha)*

Quando eu sair para o almoço, finalmente lhe possibilitando almoçar com os colegas, não voltarei ao escritório 20 minutos antes do normal, entrar por uma porta lateral para não ser vista, me esgueirar por trás de você, que está almoçando na cozinha com um grupo de pessoas, e perguntar em voz alta se "você tem algum um problema digestivo para precisar levar o dobro do tempo para comer?".

PERGUNTAS *(produzindo o resultado oposto ao desejado)*

Não vou lhe perguntar por que está demorando tanto para terminar o relatório e esperar uma resposta, o que postergaria ainda mais a entrega do relatório.

O TEMPO NECESSÁRIO PARA FAZER AS COISAS

(incapacidade de mudar)

Não vou lhe perguntar "por que está demorando tanto?" para esquentar a minha lasanha no micro-ondas, quando você estiver simplesmente seguindo as instruções no verso da embalagem e não tiver como fazer a tarefa em menos tempo, a não ser que eu aceite comer uma lasanha parcialmente congelada, sem reclamar.

EXPECTATIVAS X REALIDADE
O TEMPO QUE LEVA PARA FAZER UMA TAREFA

(a realidade em comparação às minhas noções, terrivelmente equivocadas, da realidade)

A TAREFA	O TEMPO QUE VOCÊ LEVA PARA FAZER	O TEMPO QUE ESTOU DISPOSTA A ESPERAR
Telefonar para alguém e transferir a ligação à minha sala	De 30 segundos a 3 minutos	10 segundos
Me informar como estará a minha agenda em uma quarta-feira daqui a duas semanas	15 segundos	0,00001 segundo
Agendar uma reunião com outras seis pessoas de seis empresas diferentes	De dois a cinco dias	Quatro horas ou o tempo que eu levar para esquecer e voltar a lembrar que mandei você marcar a reunião, o que vier primeiro

A TAREFA	O TEMPO QUE VOCÊ LEVA PARA FAZER	O TEMPO QUE ESTOU DISPOSTA A ESPERAR
Transformar as minhas anotações “escritas à mão” (leia-se praticamente indecifráveis) em um documento de quatro páginas estruturado e com sentido	Duas horas, se você for muito boa nisso e eu estiver disposta a ajudá-la com os rabiscos particularmente difíceis; caso contrário, quatro horas	No máximo 30 minutos, e minha letra é totalmente legível, então você está reclamando do quê?
Digitar um e-mail que eu estou ditando a você e enviá-lo	O tempo que eu levo para ditar o e-mail mais 5 minutos para ver se a mensagem faz sentido e não contém nenhuma mentira flagrante	O tempo que eu levo para ditar o e-mail menos 30 segundos, porque você deveria ser capaz de ler a minha mente
Imprimir um documento de 100 páginas em cores	Três horas, porque me recuso a investir em uma impressora que não esteja caindo aos pedaços	5 minutos e “não, não quero ler o documento em preto e branco enquanto espero você imprimir o documento colorido”
Descobrir o que há de errado com o meu computador (quando o computador não tem problema algum, é só eu que estou confusa)	O tempo que você leva para descrever exatamente o que está acontecendo com o meu computador	“Ligue para o técnico de informática para ele dar um jeito nisso agora”
Descobrir o que há de errado com o meu computador (quando o computador, de fato, tem um problema)	De 1 a 5 minutos antes de você perceber que o problema não é devido a erro humano e sugerir chamar o técnico	“Por que o técnico está demorando tanto? Você disse que é urgente??”
Responder um SMS no fim de semana	De um segundo a uma hora, dependendo de onde você estiver e o que estiver fazendo (por exemplo, dormindo)	“VC PERDEU O CELULAR? KD VC?????”

ADMINISTRAÇÃO DO TEMPO

Sempre vou preferir fuçar no Facebook a fazer o meu trabalho

PONTUALIDADE *(em reuniões)*

Quando você me lembrar – cinco vezes – que "é melhor sair logo" para uma reunião externa do outro lado da cidade e, mesmo assim, eu sair 20 minutos atrasada, não vou ligar para você do carro e culpá-la do meu atraso.

HORÁRIO DE TRABALHO NORMAL *(conhecimento do)*

Não vou passar o dia inteiro fora do escritório passeando pelo shopping e fazendo compras pessoais e voltar ao escritório, às 6 da tarde, "pronta para botar a mão na massa".

CARTÕES COMEMORATIVOS *(escritos à mão)*

Não vou lhe dizer que "a gente precisa mandar os cartões de Natal esta semana" e passar a semana inteira ignorando todos os seus lembretes, até você ser obrigada a levar duzentos cartões de Natal para sua casa no fim de semana e forjar a minha letra "porque é mais simpático escrever à mão e não tenho tempo para isso".

TEMPO COM A FAMÍLIA *(mentira)*

Não vou obrigá-la a me encontrar no fim de semana para trabalhar em alguma tarefa que poderia facilmente ter sido feita no escritório na sexta-feira, mas eu não fiz porque decidi voltar para casa mais cedo para "passar um tempo com a família" (leia-se:

assistir a porcarias na TV e me entupir de junk food antes de a minha família chegar em casa da escola/trabalho/natação).

PROCRASTINAÇÃO
(transferindo a culpa)

Não vou passar semanas adiando uma tarefa importante, porém chata, apesar de toda a sua encheção de saco, e depois culpá-la por "esquecer a tarefa" quando alguém me culpar de procrastinação na reunião da equipe.

REDES SOCIAIS
(hipocrisia mal disfarçada)

Não vou insistir que, se eu fosse presidente da empresa, "demitiria imediatamente quem fosse pego vadiando no Facebook" sendo que eu passo uma parcela considerável do meu tempo no Facebook... e nós duas sabemos disso.

MULTITAREFA
(má administração forçada da)

Não vou obrigá-la a passar a maior parte do dia "pesquisando" opções de decoração para a festinha de aniversário da minha filha e, no fim da tarde, revelar que eu também espero que você termine um projeto importante até o fim do dia – o mesmo projeto que mandei você pôr em banho-maria para poder se concentrar "só na festa".

NÚMEROS INTEIROS E FRAÇÕES *(uso correto de)*

Não vou lhe dizer que você tem "o dia inteiro" para terminar um projeto só para esclarecer mais tarde que, quando eu disse "o dia inteiro", na verdade quis dizer "a primeira metade do dia, porque estou planejando sair do escritório logo depois do almoço".

MULTITAREFA *(incapacidade de)*

Não vou ser tão péssima na administração do meu próprio tempo a ponto de forçá-la a me dar as informações aos poucos, assim não há risco de eu me distrair com alguma tarefa mais fácil que posso fazer imediatamente e usá-la para adiar outras tarefas que me parecerem remotamente difíceis, ou chatas.

TRABALHO FOCADO E SEM RODEIOS *(fingindo)*

Quando precisarmos terminar um projeto até um determinado horário e você me mostrar o que fez para saber a minha opinião, não vou dizer "eu já vejo" e me retirar à minha sala, onde passarei os próximos 45 minutos no chat com os amigos.

ESTIMATIVAS *(não reclamações)*

Não vou interpretar a sua estimativa de quanto tempo você levaria para fazer uma tarefa como uma reclamação e passar uns bons 15 minutos lhe passando um sermão sobre a sua má vontade, quando tudo o que você estava tentando fazer era me ajudar a administrar o projeto.

PERDA DE TEMPO *(do seu e do meu)*

Não vou tirar quatro horas no meio do dia para fazer compras e voltar ao escritório anunciando que "a gente vai precisar fazer hora extra hoje para recuperar o tempo perdido!" como se, de alguma forma, você tivesse concordado com o meu desperdício de tempo.

ARMADILHAS
(disfarçadas de instruções)

Não vou lhe enviar um e-mail com um link para um vídeo de 8 minutos e as palavras "não deixe de ver!" e acusá-la de perder tempo quando eu passar pela sua mesa e ver que você está fazendo exatamente isso.

DISTRAÇÕES
(aparentemente irresistíveis)

Se tivermos um projeto que precisa ser concluído nas próximas duas horas, o que só será possível se eu trabalhar a sério e me concentrar, e eu insistir que vou trabalhar no projeto no horário que normalmente vejo o noticiário, você não entrará na minha sala, 30 minutos depois, e me pegar babando com os olhos grudados na TV e com uma caneca de café frio pela metade, na mão.

MINHAS PRIORIDADES
(esclarecendo)

Não vou passar 15 minutos esculachando você por um pequeno erro que cometeu ao pedir o meu almoço, mas apenas 5 minutos revendo um documento de quinze páginas que você passou dois dias elaborando e que será entregue ao meu chefe.

ENCHENDO O SACO OU ME LEMBRANDO *(me decidindo)*

Quando você me lembrar de algo que eu preciso fazer até o fim do dia, não vou ser estúpida e dizer "saia do meu pé!" Também não vou brigar com você por não "me lembrar" o suficiente, porque você sabe muito bem que passo o dia inteiro me distraindo com coisas/pessoas/vídeos na internet e agora só temos tempo para fazer um projeto meia boca.

NORMAS *(mais rigorosas para você do que para mim)*

Não vou passar várias horas por dia jogando no iPad "porque isso me ajuda a reduzir a pressão", mas acusá-la de perder um tempo precioso quando vejo que você está lendo um e-mail pessoal.

PERGUNTAS *(sem importância e nada urgentes, ao contrário das outras coisas)*

Enquanto você corre para fazer alguma coisa para mim com um prazo apertado, não vou chamá-la na minha sala para pedir a sua opinião sobre alguns móveis que eu estou pensando em comprar para a minha casa e me fazer de ofendida quando você tentar voltar à sua mesa o mais rápido possível, exclamando: "o quê? você por acaso acha que isso não é importante?" Infelizmente, você não pode responder que sim.

INSTRUÇÕES *(incompletas)*

Não vou perder tempo escrevendo bilhetinhos passivo-agressivos em Post-its explicando que, se você realmente quiser ser uma boa assistente, deveria fazer X, Y, Z, mas depois alegar não ter tempo para explicar como fazer bem essas coisas.

GENTILEZA *(tentativas frustradas)*

Não vou insistir que você saia mais cedo do escritório na sexta-feira, em uma raríssima e equivocada tentativa de fazer uma gentileza, e ignorar os seus protestos de que você preferiria ficar para terminar algumas tarefas e não ter de trabalhar nelas no fim de semana.

PÂNICO *(desnecessário)*

Não vou informá-la que "a gente precisa terminar esse projeto nas próximas duas horas ou nós duas estaremos no olho da rua!" levando-a a largar tudo e trabalhar furiosamente nos próximos 45 minutos. E, quando você me entregar o seu trabalho, levar três horas para revê-lo e acabar revelando que não era tão urgente assim e que eu só queria que você "mostrasse que leva o trabalho a sério, para variar".

SUAS ESPERANÇAS *(alimentando as)*

Quando estivermos fazendo hora extra e for quase 18h30, não vou suspirar e dizer: "só mais um pouquinho antes de voltar para casa", levando-a a acreditar que você poderá sair do escritório antes das 19h30 pela primeira vez na vida, mas depois passar uma hora conversando com um colega ao telefone, de modo que só saio do escritório às 19h30 e você, às 20h00, como costuma ser o caso.

URGÊNCIA *(definições alternativas de)*

Não vou esperar até 10 minutos antes de você ter de sair para uma consulta médica – que você me informou três semanas atrás, além de incluir na minha agenda – para lembrar que preciso da sua ajuda para elaborar quatro e-mails extensos e muito "urgentes".

PERDER TEMPO *(forçando-a a)*

Não vou insistir que você peça a um estagiário para se encarregar de uma tarefa para mim "porque você não precisa perder o seu tempo com isso", em vez de fazê-la você mesma como você gostaria, sabendo que você vai levar o dobro do tempo para explicar ao estagiário como fazer a tarefa, rever o trabalho e corrigi-lo.

HORAS DO ALMOÇO *(privação desnecessária de)*

Não vou insistir que você fique na sua mesa durante o almoço porque vou estar "trabalhando", só para passar uma hora inteira assistindo a um filme no meu computador sem lhe dizer uma única palavra.

SUA OPINIÃO *(pedindo direito)*

Se as nossas mesas ficarem relativamente longe uma da outra, não vou pedir-lhe constantemente para ir à minha sala "dar uma olhada em alguma coisa", que quase sempre se revela ser uma foto ou um site que eu poderia facilmente ter enviado por e-mail para você não ter de se levantar da sua cadeira, ir até a minha sala e correr de volta para a sua, mal lhe dando tempo de atender o telefone.

COMO LIDAR COM O CHEFE: LIÇÕES PARA INICIANTES

Técnicas avançadas de enrolação

Você pode achar que, ganhando dez vezes mais que você, seu chefe deve fazer o trabalho com dez vezes mais rapidez e eficiência. Você está errada.

Para muitos chefes, anos de experiência atuando em um ramo significam anos de experiência aprimorando suas habilidades de procrastinação, de modo que eles são capazes de passar a semana inteira sem fazer qualquer tipo de trabalho concreto sem serem detectados. Para esses chefes, ter uma assistente significa que eles não precisam fazer nada que não quiserem fazer, nunca.

Aqui estão algumas das técnicas que eles usam para enrolar quando você lhes faz uma pergunta que eles não querem responder ou quando você os lembra, gentilmente, de alguma tarefa que eles se consideram importantes demais para fazer:

A TAREFA	A RESPOSTA	O QUE A RESPOSTA QUER DIZER
Encher um documento de observações para que a assistente possa concluí-lo	"Me mande por e-mail que eu faço ainda hoje"	"Vou encontrar o documento na semana que vem e, quando você perguntar se eu tenho alguma alteração para fazer, repetirei a minha resposta original"
Responder a uma pergunta que requer mais elaboração que um mero "sim" ou "não"	De dois a cinco dias	Quatro horas ou o tempo que eu levar para esquecer e voltar a lembrar que mandei você marcar a reunião, o que vier primeiro

A TAREFA	A RESPOSTA	O QUE A RESPOSTA QUER DIZER
Fazer uma ligação para uma pessoa que odeio, mas com a qual realmente preciso falar	"Amanhã você me lembra"	"Passe os próximos dez dias me lembrando, até que o assunto que eu tinha para falar com a pessoa deixar de ser relevante para o meu projeto"
Elaborar uma resposta a um e-mail que requer certa dose de ponderação e esforço, e que pode levar mais de duas frases repletas de erros ortográficos	"Digite o que você acha que seria uma boa resposta, só vou copiar e colar"	"Passe os próximos 30 minutos elaborando uma resposta ponderada e fundamentada, que eu vou levar tanto tempo para enviar, que acabarei fingindo que nunca recebi o e-mail original para a pessoa não achar que sou incompetente"
Decidir o que quero comer no almoço	"Me pergunte de novo daqui a 5 minutos"	"Me pergunte de novo daqui a 5 minutos e repita esse passo dez vezes, de modo que eu só me decido em cima da hora e fico furioso quando a minha comida não chegar exatamente às 13h00, apesar de eu só ter decidido às 12h50"
Falar com o RH sobre aquele seu aumento que venho adiando há uma eternidade e que eu só concordei em dar para você sair do meu pé	"É melhor esperar (até algum evento arbitrário e sem qualquer relação). Pode confiar, o RH terá mais chances de liberar o aumento depois disso"	"É melhor esperar até você ficar de saco cheio de trabalhar para mim por tão pouco dinheiro, encontre um emprego melhor e peça demissão antes de eu ter de lidar com a situação"

CHATS DO INFERNO: MULTITAREFA

Forçada

CHEFE: vc já terminou de digitar as anotações? 11:42

11:42 Quase. Devo terminar em 15 minutos. ASSISTENTE

CHEFE: ok 11:43

CHEFE: qual é a sopa do dia no donatello? 11:43

11:43 Vou ligar e perguntar, só um minuto. ASSISTENTE

11:44 É sopa de tomate com manjericão. ASSISTENTE

CHEFE: ah 11:45

CHEFE: vc já terminou as anotações? 11:45

11:45 Mais 15 minutos. — ASSISTENTE

CHEFE — foi o q vc disse da última vez perguntei 11:46

11:46 Desculpe. Tive de parar e ligar para o restaurante. — ASSISTENTE

CHEFE — vc precisa aprender a ser multitarefa... 11:47

CHEFE — qual é a sopa do dia no empório parrilla? 11:51

DOMINGOS E FERIADOS

Pode tirar o seu cavalinho da chuva

LISTAS DE TAREFAS *(o momento errado para fazer)*

Não vou lhe enviar quinze e-mails no domingo à noite, cada um contendo uma tarefa individual que eu precisarei fazer ao longo da semana, só porque não quero esquecê-las e sou dispersa demais para me dar ao trabalho de compilá-las em um único e-mail.

ESPÍRITO DE NATAL *(o contrário do)*

Não vou lhe enviar um e-mail furioso na véspera de Natal (com o assunto "ESTOU FURIOSA" e descrever tudo o que eu acho que você fez de errado no último mês) só porque a internet da minha casa parou de funcionar por 30 minutos e não pude responder o e-mail casual de Boas Festas do chefe do departamento.

RECICLAGEM DE PRESENTES *(muito na cara)*

Quando você me der uma boa garrafa de vinho no meu aniversário, porque a minha personalidade é tão deficiente que você não tem como pensar em qualquer outra coisa que eu possa gostar, não vou deixar a garrafa na minha mesa durante meses e lhe devolver a garrafa empoeirada como presente de Natal.

DIA DOS NAMORADOS *(não tomar qualquer providência)*

Se eu lhe disser que "pode deixar que eu mesma faço as reservas do dia dos namorados" isso não quer dizer que eu vou enrolar até as 19h00 da véspera e armar um barraco com você quando eu descobrir que todos os melhores restaurantes da cidade já estão completamente lotados.

TECNOLOGIA DE VÍDEO

(dando conta do recado)

Não vou obrigá-la a ir à minha casa no sábado de manhã para me ajudar a instalar e configurar o meu novo DVR e garantir que todos os episódios de *Real Housewives* serão gravados no futuro, e deixá-la descobrir sozinha para que servem os meus cinco controles remotos. Enquanto isso, eu e meus filhos adolescentes que sacam tudo de tecnologia, nos entretemos vendo você trabalhar e tomamos café da manhã.

CORRENTE NO SEU PÉ

(também conhecida como o seu celular)

Não vou ligar para o seu celular durante o fim de semana e me enfurecer porque você não tem como acessar o seu computador em 5 minutos, já que está do outro lado da cidade vivendo um pouco, para variar.

CHECANDO OS E-MAILS

(frequência normal)

Se eu lhe enviar um e-mail no fim de semana, não vou ligar para você e/ou deixar uma mensagem furiosa se você não responder em 5 minutos.

FINS DE SEMANA PROLONGADOS

(cancelados por motivos falsos)

Não vou me fingir de generosa e lhe dar uma sexta-feira de folga para você curtir um fim de semana prolongado com a família e, na quinta à tarde, cancelar a oferta porque "a gente tem muito a fazer e preciso muito da sua ajuda", só para vê-la sentada no escritório sem nada para fazer durante dez horas no dia seguinte, porque acordei com uma dorzinha de cabeça e resolvi tirar a sexta-feira de folga.

TAREFAS FORA DO ESCRITÓRIO

(absolutamente ridículas)

Quando você estiver de férias do outro lado do país, não vou insistir para que você envie uma cópia impressa de um documento a um dos meus colegas, sabendo que o colega nunca se incomodou de receber versões digitais no passado. Não vou forçá-la a dirigir 15 quilômetros até encontrar um serviço de encomendas aberto no fim de semana e gastar 100 reais do seu bônus no frete urgente com a certeza de que me recusarei a reembolsar essa despesa, já que uma das coisas que mais adoro dizer é "por que você acha que eu deveria pagar pela sua incompetência?"

ESPERA *(sem um final feliz)*

Não vou obrigá-la a ir à minha casa num sábado às 8 da manhã para receber o técnico da TV a cabo agendado para "a parte da manhã", enquanto eu saio para um passeio com a família.

EMERGÊNCIAS *(só na minha cabeça)*

Não vou deixar uma mensagem em pânico no seu celular no fim de semana insistindo que você retorne a minha ligação imediatamente porque "é uma emergência!!!" só para você ligar e descobrir que preciso que você compre uma caixa de vinho para a festa que darei na minha casa daqui a oito horas.

CONVITES *(caros)*

Não vou pedir que você me encontre em um restaurante no fim de semana para terminar um trabalho, que poderíamos muito bem ter feito durante a semana, sugerir que você peça uma taça de vinho e um lanche enquanto trabalhamos e não me oferecer para pagar a sua parte, embora o restaurante que eu escolhi seja caríssimo e eu tenha acabado de roubar quatro horas do seu fim de semana.

TRANSPORTE *(desnecessário)*

Depois de você passar a semana inteira tentando, sem sucesso, me convencer a concluir um projeto, não vou decidir que ele precisa ser concluído no fim de semana e obrigá-la a me encontrar pessoalmente para fazer um trabalho que poderia muito bem ser feito por e-mail ou telefone, transformando um projeto que teria levado uns 45 minutos para ser concluído em um martírio de três horas, sendo que duas dessas horas são gastas cruzando a cidade e voltando exausta para casa.

ADVERTÊNCIAS GENTIS *(consequências)*

Se você fizer a gentileza de me avisar que estará muito ocupada no fim de semana e, portanto, pode não conseguir responder prontamente aos meus e-mails ou SMSs, não vou insistir para você me dar uma descrição detalhada de onde estará em quais horários, "só para o caso de uma emergência", obrigando-a a sair para uma série de eventos inventados na tentativa de fugir de mim por um dia inteiro, para o bem da sua sanidade mental.

TELEFONEMAS DE MANHÃ CEDO *(completamente desnecessários)*

Não vou ligar para você às 8 horas da manhã de sábado para mandá-la marcar um horário para mim no cabeleireiro às 15h00, quando nós duas sabemos que o número do meu cabeleireiro está nos contatos do meu celular, sob o nome inconfundível "CABELO".

OLHARES

(que acabam com o dia de qualquer um)

Ao ouvir em uma reunião dos funcionários que a empresa fechará na sexta-feira para o feriadão, não vou comentar para todo mundo ouvir "não sei quanto a vocês, mas eu vou trabalhar na sexta" e lançar a você um olhar amigável – que rapidamente se transforma em uma ameaça.

FÉRIAS ANTECIPADAS

(nada a ver com embromação)

Se você pedir uns dias de férias antecipadas e eu aceitar, não vou mencionar esses dias como um exemplo de como você faz corpo mole no trabalho quando você me pedir um aumento.

CONVENIÊNCIA

(para mim, não para você)

Não vou obrigá-la a ficar na fila da bilheteria do teatro num sábado de manhã cedinho para comprar ingressos para mim, isso porque não quero pagar os 15 reais de taxa de conveniência por ingressos que me custarão 250 reais cada.

IMPOSIÇÕES *(de tirar o sono)*

Se eu perguntar a que horas você acha que estará acordada no sábado de manhã, para eu poder ligar para você, e a resposta for "lá pelas 10h", eu não retrucarei "então que tal às 9h?"

RECLAMAÇÕES

(capaz de fazer, mas não de receber)

Não vou viver reclamando de precisar trabalhar nos fins de semana e como isso está afetando a minha vida pessoal, mas depois acusá-la de ter uma péssima ética de trabalho quando você se lamentar para mim, apesar de você trabalhar exatamente tanto quanto eu, se não mais, nos sábados e domingos.

DIVERSÃO DE FIM DE SEMANA

(destruindo completamente as suas chances)

Não vou lhe dizer que precisamos nos encontrar às 9h em ponto no sábado de manhã, arruinando os seus planos de sair e se divertir na sexta à noite para variar e depois, às 8h30 do sábado, avisar por SMS que tive um imprevisto (provavelmente uma ressaca) e que vamos nos encontrar às 9h em ponto no domingo de manhã, conseguindo acabar com os seus planos de sábado à noite também.

MINHAS TAREFAS PESSOAIS

(conseguindo transformar de mal a pior)

Não vou decidir que é uma perda de tempo e dinheiro da empresa mandá-la se ocupar com as minhas tarefas pessoais no horário de trabalho e insistir que você deve fazer todas essas coisas para mim no fim de semana, sem remuneração, "porque não tenho como fazer tudo sozinha por aqui!" (Sendo que "aqui" é a minha casa e "sozinha" se refere a alguém que é casada, com filhos que já têm idade para dirigir e que tem uma faxineira, um jardineiro e um limpador de piscina).

BOAS INTENÇÕES

(péssima execução)

Se eu quiser lhe desejar boas festas enquanto nós duas estivermos de férias, vou lhe enviar um e-mail ou um SMS amigável. Não vou, de maneira alguma, ligar no seu celular, no meio de um jantar de família, para lhe dar boas festas e conseguir desviar a conversa para todas as coisas que eu preciso que você faça quando voltarmos de férias, porque não estou acostumada a falar com você sem lhe dar algum tipo de ordem.

CONVITES DE NATAL *(nada a ver)*

Quando ouço, de intrometida, você dizer que não vai poder viajar para passar o Natal com a sua família este ano, não vou convidá-la para passar o Natal com a minha família e me fazer de ofendida quando você educadamente recusar porque você: (a) já fez outros planos, (b) sabe exatamente como a minha relação com a minha família é tensa, já que a obrigo a transferir ligações pessoais para o celular deles e ficar na linha para o caso de eu precisar que você nos conecte com algum outro membro da família, e você não quer estar por perto quando formos forçados a nos sentar juntos à mesa de jantar durante uma hora e (c) sabe muito bem que a única razão pela qual quero a sua presença é para tentar amenizar a tensão.

TRABALHO NO FIM DE SEMANA

(desnecessário)

Não vou obrigá-la a passar o fim de semana inteiro trabalhando num relatório e só me dar ao trabalho de olhar o relatório na quinta-feira da semana seguinte, o que significa que você poderia, tranquilamente, ter me entregue o relatório na quarta à noite, e não no domingo à noite, e poderia ter usufruído de dois dias de descanso, para variar.

FINS DE SEMANA TERRÍVEIS

(comparações)

Não vou reclamar com você sobre como o meu fim de semana em uma viagem exclusiva foi "decepcionante", quando sei muito bem que você passou esses mesmos dois dias compilando, para mim, trinta páginas de pesquisas sobre um assunto chatíssimo.

SURPRESAS

(desagradáveis, mas não é culpa sua)

Não vou dar um escândalo quando você enviar meus cartões de Natal exatamente no dia que eu pedi, ostentando um retrato de toda a minha família sorrindo dissimuladamente para a câmera, o que acabou acontecendo exatamente 24 horas antes de meu marido me pegar, de surpresa, com um pedido de divórcio.

COZINHAR

(impossibilidade de me ensinar como)

Depois de descobrir que você sabe cozinhar bem, não vou encarregá-la de planejar o cardápio e comprar os ingredientes para o jantar de Natal da minha família. E, apesar de você ter escolhido as receitas mais básicas, que até uma criança seria capaz de preparar sem muita dificuldade, vou conseguir transformar em uma papa queimada cujas fotos vou passar a noite inteira lhe enviando, com sugestões de que é tudo culpa sua, de modo a impossibilitá-la de usufruir o delicioso jantar que você preparou para a sua própria família.

13%

PEDINDO UM "FAVOR"

que você não tem como recusar e que tomará uma grande parte do seu fim de semana

45%

PEDINDO A SENHA

do meu e-mail/Amazon/ site de namoro/ Facebook/banco/Gmail/ Skype

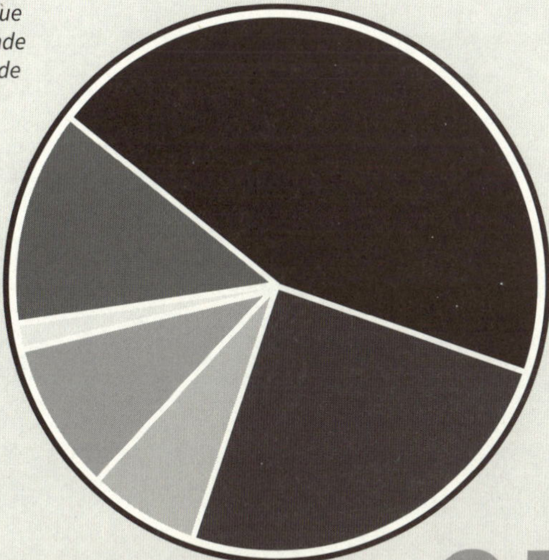

1%

PERGUNTANDO SE VOCÊ PODE VIR ME PEGAR

em um bar porque sou pão-dura demais para chamar um táxi

10%

INSTRUINDO VOCÊ

a me lembrar de fazer alguma coisa na semana que vem, o que eu poderia muito bem ter feito por e-mail

6%

LIGAÇÕES POR ENGANO

que meu celular faz sozinho no bolso da minha calça

25%

FAZENDO UMA PERGUNTA

que você já respondeu cinco vezes na semana anterior

MINHAS LIGAÇÕES PARA VOCÊ NO FIM DE SEMANA

Analisando por partes...

CHATS DO INFERNO:
CONVERSAS DE SÁBADO À NOITE

(as alegrias das)

CHEFE: qual é a minha senha da amazn? 19:01

CHEFE: amazon 19:14

CHEFE: Oi? 19:32

CHEFE: ???????? 19:47

CHEFE: Ei?? 20:04

CHEFE: vc perdeu o celular? 20:17

CHEFE: você tá me ignorando? 20:34

CHEFE: oooooooooooooooooww!!!!!!!!!!!!!! 20:54

CHEFE: quero ter uma conversinha com vc na segunda — 21:06

21:07 — Mil desculpas! Eu estava no cinema. O celular estava desligado. :ASSISTENTE

21:08 — Sua senha é RTARDDO1958 :ASSISTENTE

CHEFE: valeu — 21:32

CHEFE: vc precisa deixar o cel pra vibrar — 21:34

CHEFE: E se eu precisava de alguma coisa exatamente agora?
E se fosse uma emergência? — 21:37

21:37 — Ok, farei isso no futuro. :ASSISTENTE

E-MAILS DO INFERNO: ESPECIAL DE AGENDAMENTO NO DOMINGO À NOITE

ASSUNTO: REUNIÃO PEDRO
DE: CHEFE
PARA: ASSISTENTE **20:12**

nao esqueça de confirmar a reunião amanhã

ASSUNTO: RE: REUNIÃO PEDRO
DE: ASSISTENTE
PARA: CHEFE **20:13**

Confirmei na sexta-feira à tarde. Está tudo certo.

ASSUNTO: RE: RE: REUNIÃO PEDRO
DE: CHEFE
PARA: ASSISTENTE **20:34**

nao. ligue pra assistente dele pra confirmar

ASSUNTO: RE: RE: RE: REUNIÃO PEDRO
DE: ASSISTENTE
PARA: CHEFE 21:35

Infelizmente o escritório está fechado e não tenho o celular dela. Mas posso mandar um e-mail.

ASSUNTO: RE: RE: RE: RE: REUNIÃO PEDRO
DE: CHEFE
PARA: ASSISTENTE 21:59

PQ NAO TEM CEL????

ASSUNTO: RE: RE: RE: RE: RE: REUNIÃO PEDRO
DE: ASSISTENTE
PARA: CHEFE 22:01

Ela acabou de responder ao meu e-mail. A reunião está confirmada.

ASSUNTO: RE: RE: RE: RE: RE: RE: REUNIÃO PEDRO
DE: CHEFE
PARA: ASSISTENTE 23:58

ok. mas pega o número do cel dela. é melhor que e-mail. e se eu precisasse cancelar AGORA e ela só visse o e-mail amanhã? ia me achar RUDE.

SMSs DO INFERNO: MEDINDO O TEOR ALCOÓLICO DO MEU SANGUE PELO CONTEÚDO DOS MEUS SMSs

CHEFE: recebeu meu e-mail? 21:30

21:31 Não, não recebi nenhum e-mail seu nas últimas 8 horas. ASSISTENTE

CHEFE: pq nao???? 22:05

22:06 Sinto muito, mas não sei por que não recebi o e-mail. Está na sua pasta de itens enviados? ASSISTENTE

CHEFE: o q?? como vou saber? nao to com o meu note aqui 22:35

22:36 Você poderia me enviar de novo? ASSISTENTE

CHEFE: nem lembro o q diz. é trabalho seu, nao meu!!! 22:47

22:48 — ASSISTENTE: Não seria melhor falarmos sobre isso quando voltarmos ao escritório amanhã de manhã?

CHEFE: NAO. hoje à noite. — 23:03

CHEFE: URGENTE!111!11!! — 23:04

CHEFE: me arranja o numero do radio-taxi — 00:37

00:37 — ASSISTENTE: Só um minuto.

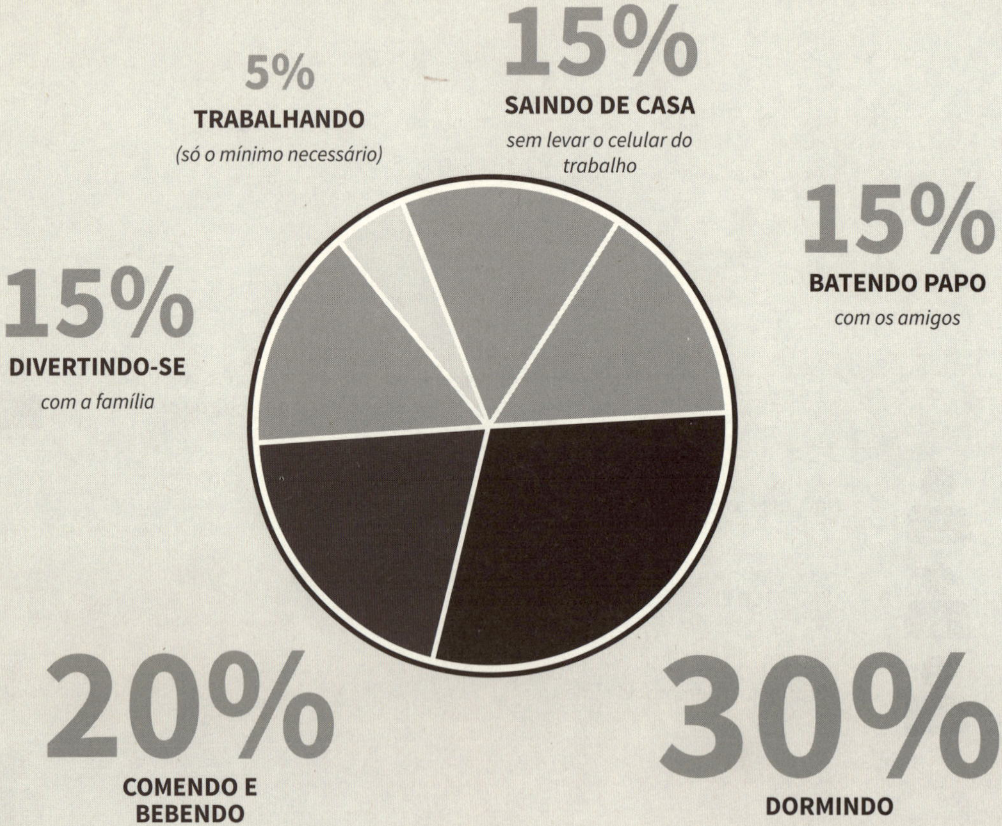

COMO VOCÊ GOSTARIA DE PASSAR AS FÉRIAS

Analisando por partes...

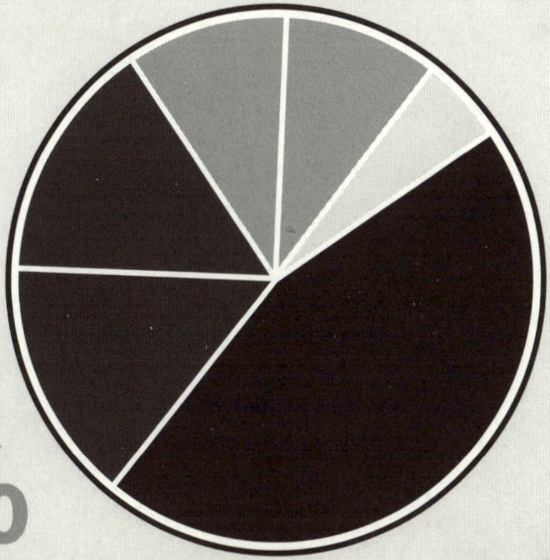

10%
DIZENDO-ME QUE SOU UMA CHEFE INCRÍVEL

10%
DORMINDO E SONHANDO
em voltar logo ao trabalho para satisfazer todas as minhas necessidades

15%
PENSANDO EM COMO SOU UMA CHEFE INCRÍVEL
e sentindo-se grata por trabalhar para mim

10%
BATENDO PAPO
com os amigos, se divertindo com a família, comendo e bebendo

15%
PENSANDO SOBRE O TRABALHO

45%
TRABALHANDO

COMO EU GOSTARIA QUE VOCÊ PASSASSE AS FÉRIAS

Analisando por partes...

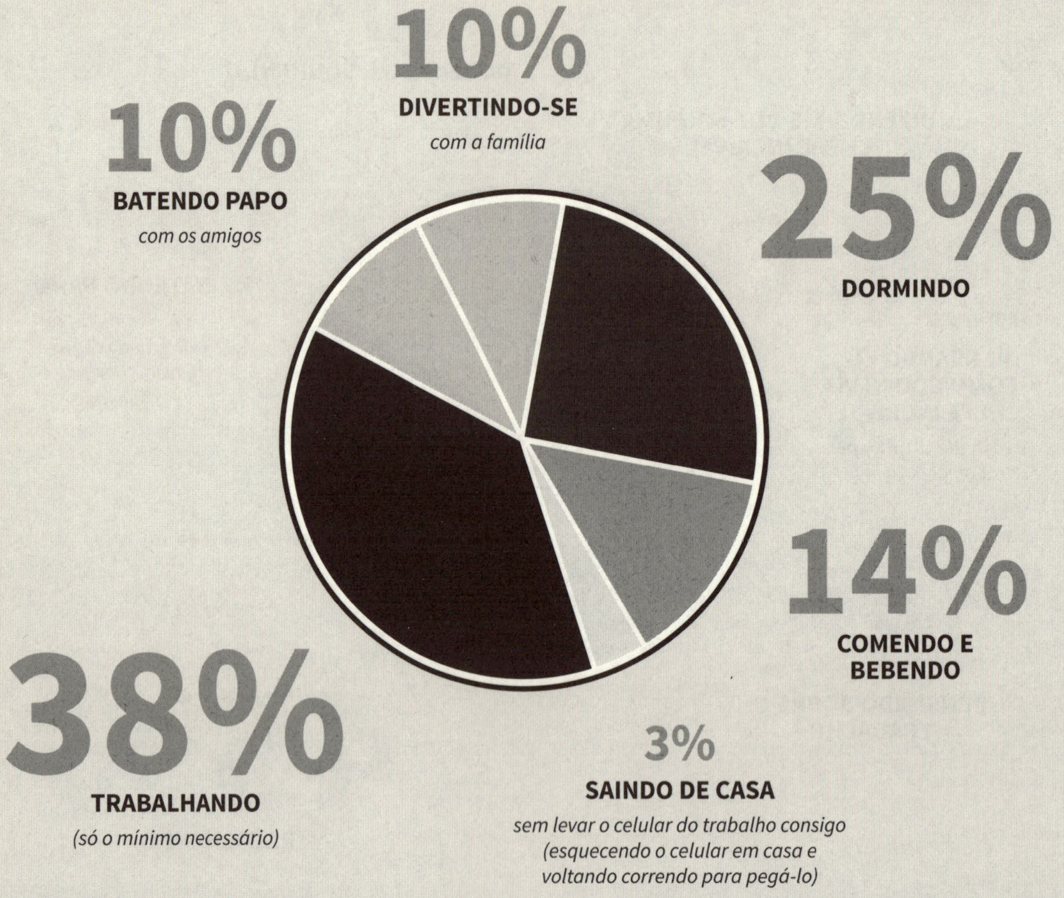

COMO VOCÊ REALMENTE PASSA AS FÉRIAS

Analisando por partes...

3.

COMUNICAÇÃO

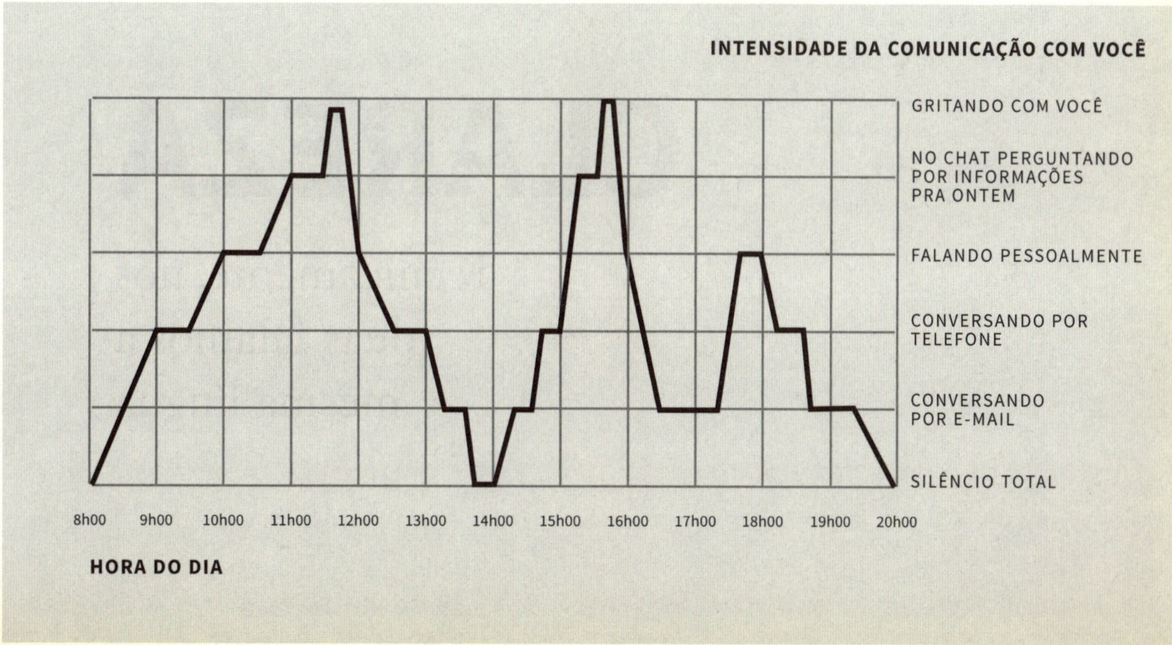

CLAREZA

Tecnicamente, nós
duas falamos a
mesma língua

O QUE EU QUERO QUE VOCÊ DIGITE QUANDO ESTOU DITANDO ALGUMA COISA

Analisando por partes...

ESPECIFICIDADE *(importância da)*

Não vou lhe dizer para me enviar "aquela coisa do mês passado", "pegar aquele negócio que eu quero", "me mandar de novo aquele documento de duas semanas atrás, você sabe, aquele que aquele cara me mandou" ou "encontrar aquele estagiário com quem eu estava conversando no mês passado, quando você não estava na sua mesa". Vou aprender mais substantivos, verbos e adjetivos e usá-los em situações como essas.

MINHA ESCRITA À MÃO *(ser capaz de ler)*

Quando eu lhe entregar dez páginas de anotações manuscritas para digitar, e você entrar na minha sala alguns minutos depois pedindo ajuda para decifrar os meus rabiscos, não vou passar um minuto fitando o papel com um olhar de profunda concentração e lhe entregar as anotações de volta, dizendo: "não faço a menor ideia".

SIM OU NÃO, PARTE 1

Se você me enviar um e-mail contendo mais de uma pergunta, não responderei apenas com um "S" ou "N", presumindo que você será capaz de descobrir a qual pergunta estou me referindo.

SIM OU NÃO, PARTE 2

Se você me enviar um e-mail contendo uma ou mais perguntas que requerem mais do que uma resposta do tipo sim ou não, não vou responder apenas com "S" ou "N", esperando que você seja capaz de decifrar, pelo poder da mente, a minha verdadeira resposta com base nessa única letra.

SIM OU NÃO, PARTE 3

Não vou ficar indignada com você por "ficar me mandando e-mails demais", até você perceber que só pode me enviar uma pergunta do tipo sim ou não por e-mail, se quiser que ela seja respondida com clareza e precisão.

RESPOSTAS *(necessidade de)*

Não vou instruí-la vagamente a fazer alguma coisa e sumir por 45 minutos, deixando-a com muitas perguntas que precisam ser respondidas para poder concluir a tarefa corretamente e, quando eu finalmente voltar, perguntar "por que você ainda não terminou?"

DIA DO CONTRA *(todos os dias)*

Não vou dizer exatamente o contrário do que quero dizer, e depois acusá-la de duvidar da minha palavra quando você começar a confirmar tudo o que eu disse, para garantir que entendeu direito o que eu realmente quero que você faça.

PESSOAS *(sabendo quem é quem)*

Não vou pedir que você envie um e-mail à pessoa A, insistir que de fato estou me referindo à pessoa A quando você confirma comigo antes de enviar o e-mail e gritar com você depois que o e-mail é enviado porque, na verdade, eu queria dizer a pessoa B, e você já devia saber disso.

TAREFAS QUASE IMPOSSÍVEIS *(distinguindo o possível do impossível)*

Não vou mandá-la encontrar um livro que quero ler, com a única descrição de que "a capa é azul e vermelha, é engraçado e sobre um cara que mora com a mãe" e, quando você finalmente encontrar o tal livro, lhe dar uma bronca por ter levado dois dias.

ACUSAÇÕES *(injustificadas)*

Quando você me pedir para especificar alguma coisa, não vou acusá-la de ser preguiçosa e me perguntar em voz alta por que eu tenho de fazer todo o trabalho por você... especialmente, se tudo o que você precisava saber era se eu queria uma garrafa de vinho tinto ou branco.

ATITUDES *(contraproducentes)*

Não vou me irritar quando você me pedir para esclarecer o que quero dizer, a ponto de forçá-la a evitar pedir esclarecimentos e levar o dobro do tempo para fazer seu trabalho enquanto tenta decifrar meus, incoerentes e criativamente escritos, e-mails e SMSs.

DECEPÇÕES *(confusos)*

Não vou mandar você "sair da linha" durante um telefonema aparentemente delicado, e depois ficar com raiva de você porque, na verdade, eu não queria que você saísse da linha, eu só queria que a outra pessoa achasse que você saiu.

DICIONÁRIOS *(utilidade dos)*

Não vou decidir incluir uma nova palavra ou abreviatura ao meu vocabulário sem saber o que significa, resultando em várias semanas de confusão até você criar coragem para me perguntar se eu sei mesmo a definição da minha nova "gíria" favorita, cujo mau uso está me levando a insultar mais da metade dos nossos colegas todos os dias, dessa vez involuntariamente.

PESSOAS DIFERENTES *(capacidade de distingui-las)*

Quando tiver duas pessoas com o mesmo nome no escritório, não vou confundi-las constantemente, mesmo quando você começa a se referir à elas como "Nome + Cargo", na tentativa de facilitar a nossa vida.

PERGUNTAS *(pontuação excessiva)*

Não vou lhe enviar e-mails com apenas uma ou duas palavras seguidas de pontos de interrogação, mais numerosos que o número de letras que compõem essas palavras. O que nos levará a uma prolongada troca de e-mails, até você finalmente entender o que eu quero que você faça. Em vez disso, vou me dar ao trabalho de elaborar uma pergunta completa que você poderá responder de forma rápida e definitiva.

FUSOS HORÁRIOS *(diferença entre)*

Quando estiver em um fuso horário diferente e mandar você agendar uma conferência telefônica para mim em um determinado horário, não vou deixar de especificar o fuso horário do qual estou falando, ignorar seus e-mails me pedindo para fazê-lo e me enfurecer com você quando você decidir incorretamente que devo estar me referindo ao horário local de onde estou, já que isso faria mais sentido.

RESPOSTAS *(ignoradas)*

Quando lhe faço uma pergunta e você responde com um "não", não vou presumir que você quis dizer "é possível", só porque a resposta que você me deu não é a que eu queria.

E-MAILS "LONGOS"

(que na verdade nem são tão longos assim)

Não vou acusá-la de ser confusa quando você me enviar um e-mail contendo mais de três frases, só porque sou preguiçosa demais para ler tudo.

MEUS FILHOS *(como distingui-los)*

Não vou confundir o nome dos meus filhos e me enfurecer com você quando você comprar um presente para o filho errado.

TERMOS DIETÉTICOS

(usando o termo certo)

Não vou mandar você pedir um "hambúrguer vegano" para o almoço, usando a palavra "vegano" para significar "vegetariano" e sair da minha sala com o pão aberto, esbravejando, "cadê o queijo??"

APELIDOS

(necessidade de manter a coerência)

Depois que eu começar a me referir a uma pessoa como "aquele cara", a outra pessoa como "aquele sujeito" e a uma terceira pessoa como "aquele idiota", para que você realmente saiba de quem estou falando quando uso esses termos, não vou mudar de repente esses "apelidos" sem avisá-la, provocando vários dias de confusão enquanto você tenta reaprender o meu idioma especial.

PALAVRAS DE TRÊS LETRAS

(importância das)

Não vou omitir por acidente a palavra "não" em um e-mail, (que só tinha quatro palavras, para começar) e gritar com você quando você faz exatamente aquilo que não deveria fazer.

IDIOTICE *(relativa)*

Se o português não for a minha língua nativa, não vou insistir que é você a "idiota" quando você me pedir esclarecimentos devido a uma escolha de palavras esquisita ou uma estrutura estranha que usei.

INSTRUMENTOS DE ESCRITA
(sabendo a diferença entre)

Quando lhe peço um lápis, realmente quero que você me traga um lápis. Em vez de acidentalmente mandá-la me trazer um cilindro de madeira com grafite dentro que vou fazer questão de quebrar no meio e jogar no chão enquanto me esgoelo dizendo "não! Uma caneta!"

PERGUNTAS *(medo de fazer)*

Não vou revirar os olhos e suspirar alto toda vez que você entrar na minha sala sem eu chamar, criando um ambiente tão hostil ao esclarecimento de dúvidas, que você passa a maior parte do tempo tentando descobrir o que eu realmente quis dizer e temendo as repercussões de me entender mal, em vez de usar esse tempo para fazer o que preciso que você faça.

RESPOSTAS NADA ESCLARECEDORAS *(por e-mail)*

Quando você responder a um e-mail pedindo esclarecimentos, não vou me limitar a lhe encaminhar o e-mail original, como se isso resolvesse a sua dúvida.

PERGUNTAS
(respondendo só com a pontuação)

Quando você me enviar uma pergunta simples, do tipo sim ou não, por e-mail, chat ou SMS, não vou responder apenas com "??????????????". Se eu não entender o que você está me perguntando, vou lhe dizer que parte da sua pergunta não faz sentido para mim (um problema, provavelmente, devido ao meu hábito de ler uma palavra sim e outra não e desistir depois de três frases).

TERMOS *(não tão específicos)*

Não vou usar a palavra "pessoal" para me referir a "todo mundo", e ficar frustrada com você quando você me pedir para ser um pouco mais específica.

APONTAR O DEDO
(normalmente para uma pessoa)

Não vou apontar o dedo para alguém no escritório e dizer "marque uma reunião com ela", só para lhe revelar, furiosa, depois de você me mandar por e-mail os horários que a pessoa tem disponíveis, que eu na verdade queria que você marcasse uma reunião com a pessoa cuja sala ficava atrás da pessoa para quem você achou que eu estava apontando.

ESTAGIÁRIOS *(utilidade dos nomes)*

Não vou pedir a ajuda "daquele estagiário que eu gosto" quando as minhas preferências por alguém mudam de uma semana à outra, dependendo de eu saber se o estagiário tem pais importantes, do quão curta é a saia, revelando pernas torneadas, ou do quão apertada é a camisa, revelando braços sarados, ou da capacidade do estagiário de me fazer elogios aparentemente sinceros.

REUNIÕES
(ou seja, realmente uma reunião)

Quando lhe mando marcar uma reunião com cinco pessoas, vou querer que você marque uma reunião. Não vou fingir surpresa e irritação quando as cinco pessoas aparecerem na minha sala, quando eu na verdade queria uma conferência telefônica.

RESPOSTAS FÁCEIS
(que acabam não sendo tão fáceis assim)

Quando eu decidir usar os sons "A-hãn" para sim e "A-hã" para não, vou me certificar de pronunciá-las com uma distinção clara, para que você não tenha de transformar uma simples pergunta do tipo sim ou não em uma série de duas a quatro perguntas, até finalmente obter uma resposta clara.

NÚMEROS DE PÁGINA
(utilidade dos)

Quando eu lhe disser que você precisa reescrever o "segundo parágrafo" de um documento, vou me referir ao segundo parágrafo do documento todo, não ao segundo parágrafo da página que eu estava pensando, mas nunca cheguei a especificar.

E-MAILS DO INFERNO: INTERPRETAÇÃO AVANÇADA DE E-MAILS

Às vezes vai parecer que o seu chefe é pago para confundi-lo ao máximo nos e-mails que lhe envia. Depois de alguns meses, você vai ser capaz de decifrar o estilo especial de redação do seu chefe, mas fique esperto: os chefes sempre têm mais truques na manga.

Veja alguns exemplos de táticas avançadas de confusão e suas traduções em linguagem normal e compreensível:

ASSUNTO: ????
DE: CHEFE
PARA: ASSISTENTE

Plano con??

Tradução: Qual é o plano para a convenção à qual eu acabei de decidir comparecer, algo que você deveria ser capaz de prever, apesar de ontem mesmo eu ter lhe dito que não compareceria???*

* NOTE QUE O CHEFE SE EMPENHOU EM INCLUIR PONTOS DE INTERROGAÇÃO ADICIONAIS, MAS NÃO EM ESCLARECER O CONTEÚDO DA MENSAGEM.

ASSUNTO: (SEM ASSUNTO)
DE: CHEFE
PARA: ASSISTENTE

Mps pf.

Tradução: Por favor, imprima um mapa de todos os lugares aos quais devo ir na semana que vem para eu escolher os lugares que eu realmente quero ir. Qualquer tentativa de me perguntar o local específico para o qual eu realmente preciso de um mapa, será recebida com uma combinação de olhar furioso/dar de ombros.**

ASSUNTO: MINHAS ESCOLHAS
DE: CHEFE
PARA: ASSISTENTE

8 13 14 34 49 52

Tradução: Essa lista de números pode se referir a:

a. Alguma coisa que eu sei que vou esquecer, de modo que decidi mandar por você por e-mail para forçá-la a perguntar do que se trata e, portanto, me lembrar da tal coisa.

b. Minha seleção a partir de uma lista mais extensa de itens que eu posso lhe encaminhar em cinco segundos, duas horas ou nunca.

** NOTE QUE O CHEFE SE EMPENHOU EM PONTUAR CORRETAMENTE, MAS NEGLIGENCIOU A ORTOGRAFIA E AS ESPECIFICAÇÕES.

c. Algo que eu deveria ter enviado a alguma outra pessoa. Quando eu perceber que enviei para você, vou mandá-la deletar a mensagem imediatamente do seu computador e perguntar “você leu???” como se fosse possível extrair qualquer sentido da mensagem.

d. Os números do meu jogo da loteria, porque ganhar doze vezes mais que o seu salário ainda não me basta.

e. Duas ou mais alternativas anteriores.

CHATS DO INFERNO:
CAPACIDADE DE SER ESPECÍFICO

(postergada)

CHEFE: qual é o nome daquele cara? 12:15

12:15 Que cara? ASSISTENTE

CHEFE: vc sabe, aquele cara. aquele que nunca consigo lembrar o nome. 12:15

12:16 Não quero ser chata, mas você terá que ser um pouco mais específica. ASSISTENTE

CHEFE: ele é um chato 12:16

CHEFE: eu nunca atendo as ligações dele 12:16

CHEFE: ele trabalha naquela empresa que eu odeio 12:17

CHEFE: 12:17

CHEFE: ele usa peruca e acha que ta enganando alguém 12:18

ASSISTENTE: Marcos Santos. 12:18

CHEFE: é isso 12:18

CHEFE: demorou, hein? 12:19

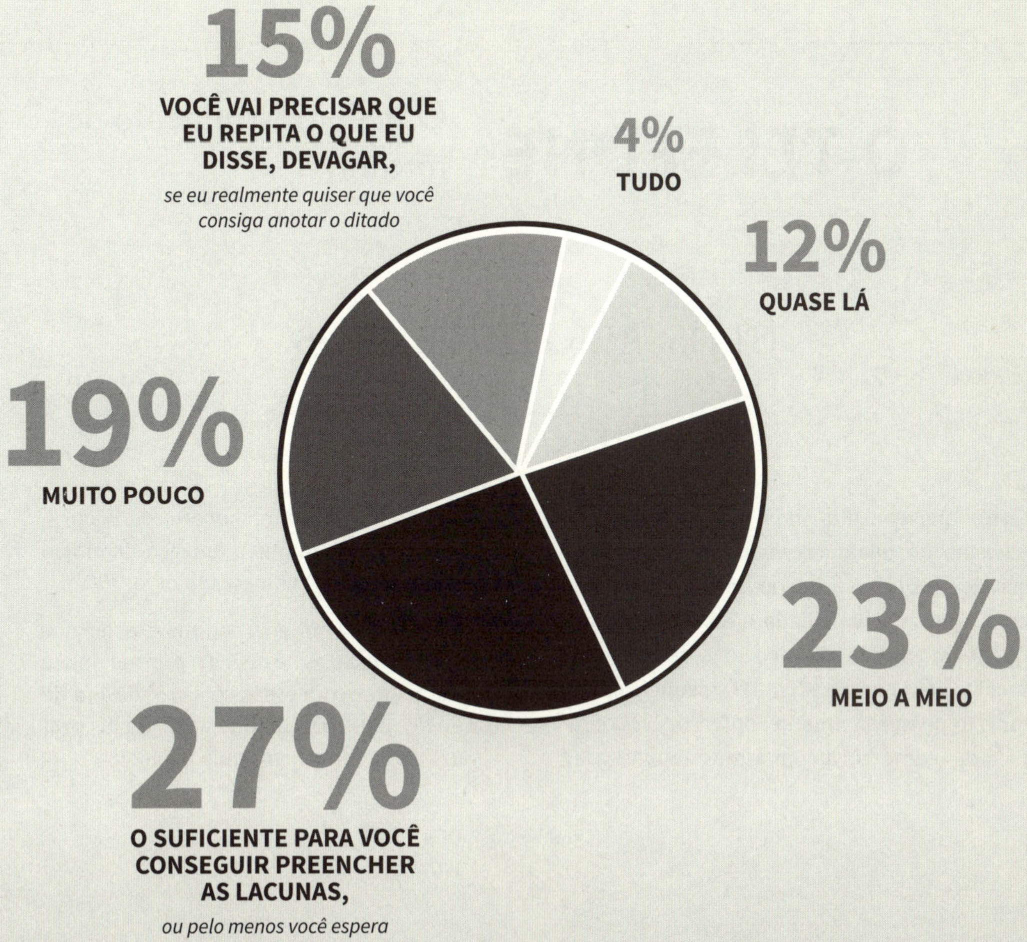

O QUE VOCÊ ENTENDE DO QUE EU DIGO, EM MÉDIA

Analisando por partes...

O TELEFONE

O maior instrumento de tortura

GLOSSÁRIO DE TERMOS

O telefone constitui uma grande parte do trabalho de qualquer assistente. Uma boa assistente é capaz de operar um telefone com a mesma habilidade e astúcia com as quais um músico clássico toca seu instrumento. Uma boa assistente consegue conectar oito pessoas em uma conferência telefônica de última hora com a mesma maestria que Yo-Yo Ma toca um concerto de Bach. A diferença é que ninguém ameaça demitir o músico quando ele comete um erro.

Você pode desconhecer alguns dos termos telefônicos usados neste livro porque nunca precisou lidar com essas coisas (e desejo do fundo do meu coração que você jamais precise). Veja, a seguir, um guia básico:

Registro de ligações *(substantivo)* Uma lista dos telefonemas feitos e recebidos pelo chefe, lembrando tanto o chefe quanto a assistente de quem precisa receber um retorno e com quem o chefe precisa se ofender por não ter recebido um retorno ainda.

Exemplo: *O chefe da Paula não entende que também consegue visualizar o registro de ligações no próprio computador e obriga a Paula a gritar toda a lista de trinta nomes a cada vez que o chefe quer fazer uma ligação, destruindo todas as tentativas das outras pessoas do escritório de se comunicar oralmente.*

Fazer uma conferência telefônica *(verbo)* Ligar para muitas pessoas sucessivamente até alguém, finalmente, atender ao telefone. Especialmente divertido quando o chefe está ao celular e a assistente tem de usar o botão "Conferência" para fazer a chamada e, logo em seguida, o botão "Desligar", para desconectar rapidamente a ligação quando o chefe começa a fazer comentários maldosos sobre a pessoa que acabou de entrar na linha.

Exemplo: *A parte favorita do trabalho da Marta é organizar uma conferência telefônica porque o chefe passa um bom tempo gritando com outras pessoas, e não só com ela.*

Dizer que eu liguei *(verbo)* Um jeito de dizer que você retornou a ligação de alguém, mas a pessoa não estava na sala dela, de modo que você manda a assistente da pessoa incluí-la no registro de ligações. Ou você pode deixar um correio de voz terrivelmente maçante, que a assistente da pessoa será obrigada a ouvir desejando que você não tivesse demorado tanto para deixar o número de retorno.

Exemplo: *Sempre que Tiago informa o chefe que deixou um recado para alguém dizendo que tentou ligar, o chefe lhe fulmina com os olhos como se o Tiago estivesse de alguma forma sabotando a carreira dele, a cada telefonema.*

ligar sem querer falar *(verbo)* Ligar para alguém fora do horário comercial para evitar ter de falar com a pessoa, mas ainda poder dizer que você retornou a ligação.

Exemplo: *A chefe da Ana tem a fama de ligar para as pessoas sem querer falar com elas, mas ninguém diz nada porque ela é muito importante na empresa, além de ter a mania de gritar muito.*

conferências telefônicas *(substantivo)*
Uma cacofonia disfarçada como um substituto para uma reunião, essas conferências podem ficar rapidamente grandes demais e impossíveis de administrar à medida que cada vez mais pessoas são incluídas para que ninguém se ofenda por ter sido ser deixado de fora. Se você tiver sorte, seu chefe vai começar a atender as ligações para as conferências na hora certa. Se você não tiver sorte, seu chefe vai sempre tentar ser a última pessoa a entrar na conferência, na tentativa equivocada de parecer mais importante do que os outros, e você terá de se virar para que o chefe seja o último a entrar na conferência sem parecer atrasado. E, se seu chefe parecer atrasado, como seria de se esperar, você será a culpada.

Exemplo: *O chefe da Patrícia tem a mania de fazer outras ligações exatamente quando as conferências telefônicas estão agendadas para começar, então Patrícia sempre marca as conferências 10 minutos depois que o chefe acha que elas estão agendadas.*

LIGAR SEM QUERER FALAR

(tentativas frustradas)

Não vou tentar ligar para alguém que eu não queira falar tarde da noite e me enfurecer com você quando a pessoa atender ao telefone, me forçando a falar com ela.

PRIORIDADES

(nunca completamente em ordem)

Não vou chamá-la para a minha sala para falar sobre alguma coisa e, quando o telefone tocar, perguntar indignada "por que você não está atendendo o telefone?", forçando-a a correr de volta à sua mesa para atender a ligação de uma pessoa com que você nem queria falar de qualquer jeito.

IMEDIATISMO *(confuso)*

Não vou lhe enviar um SMS no fim de semana com ordens de "me ligar imediatamente" e não atender quando você retornar a ligação em poucos segundos, forçando-a a deixar uma mensagem de voz sem graça ou correr o risco de me irritar se me ligar novamente.

FAZENDO LIGAÇÕES

(enquanto come)

Não vou participar de conferências telefônicas enquanto almoço na minha sala. Posso não me importar com o que você ou os meus colegas podem pensar, mas pelo menos terei um pingo de autoestima para impedir que os sons repugnantes da minha mastigação e deglutição sejam amplificados ao telefone.

CONFERÊNCIAS TELEFÔNICAS NO FIM DE SEMANA, PARTE 1

Não vou obrigá-la a ir até o escritório no fim de semana só para me conectar a uma conferência telefônica "do jeito que eu gosto". Se consigo ligar para você no escritório cem vezes por dia, sou capaz de descobrir como ligar para o número da conferência que você configurou.

CONFERÊNCIAS TELEFÔNICAS NO FIM DE SEMANA, PARTE 2

Se eu estiver em um fuso horário diferente e marcar uma conferência telefônica para o fim de semana começando às 4 da madrugada do seu horário, não vou obrigá-la a acordar "só para garantir que tudo vai dar certo". Somos todos adultos. Nós conseguimos fazer uma simples conferência telefônica sem a supervisão de uma assistente de 25 anos.

CELULAR *(onde deixar)*

Quando você fizer uma piada sobre deixar o smartphone ao lado do travesseiro para poder ouvir a vibração enquanto dorme, vou rir da imbecilidade da ideia em vez de questionar "mas você não faz isso?"

AGENDAMENTO *(complicações desnecessárias)*

Não vou mandá-la, impaciente, "só ligar" para alguém quando a razão pela qual você prefere falar por e-mail são as seis ou sete complexas perguntas de agendamento que precisa fazer. Vou entender quando você me explicar que, tentar fazer essas perguntas por telefone, quase certamente resultará em pelo menos um mal-entendido.

INTERRUPÇÕES *(contraproducentes)*

Não vou ficar fungando no seu cangote para ouvir o seu lado de uma conversa telefônica com outra assistente, criticando e interrompendo com o que acho que você deveria estar dizendo e te deixando tão confusa, que você acaba desligando sem conseguir fazer o que eu tinha mandado primeiramente.

TRANSFERIR UMA CHAMADA TELEFÔNICA *(enganá-la para fazer para mim)*

Não vou ligar para o seu celular no fim de semana alegando que "não consigo encontrar o número de telefone de alguém nos meus contatos", mandar você me transferir para a pessoa no celular e obrigá-la a passar uma hora transferindo ligações para vários amigos e para o serviço de bufê enquanto organizo a festa que darei no mês que vem.

INTERRUPÇÕES *(agressivamente embaraçosas)*

Quando outra assistente ligar para você fazendo uma pergunta, não entrarei de repente na linha gritando "quem é?", obrigando-a a explicar sem jeito que a pessoa ligou querendo falar com você e não comigo.

HABILIDADES TELEFÔNICAS

(deixando-as com você, para o nosso bem)

Não vou tentar fazer uma conferência telefônica sem ter ideia de como e acabar desconectando todos os participantes e, depois, ainda encontrar um jeito de culpar você por isso.

INCLUINDO VOCÊ

(da pior maneira possível)

Enquanto eu estiver em uma conferência telefônica com várias pessoas importantes esperando que outro participante seja conectado, não vou insistir que você entre na linha para contar "aquela história engraçada sobre quando você cometeu uma gafe terrível no seu segundo dia de trabalho, o que aconteceu dois anos atrás".

MEDIDAS DE HIGIENE

(desnecessárias)

Não vou obrigá-la a passar 10 minutos, toda manhã, esfregando o meu telefone inteiro com toalhinhas antibacterianas, embora eu seja a única pessoa que usa o aparelho.

SUPERSTIÇÃO *(absurda)*

Quando mudarmos de escritório, não vou obrigá-la a passar um dia inteiro implorando à pessoa encarregada do sistema telefônico para mudar a minha extensão, só porque ela contém o número 13.

DESTRUIÇÃO

(do meu instrumento de trabalho)

Não vou arrancar o telefone do cabo e/ou jogá-lo contra a parede com tanta frequência, que você precisa manter uma gaveta cheia de peças de reposição para poder consertá-lo imediatamente em vez de passar os 15 minutos, que o técnico da manutenção leva para chegar à sua sala, me ouvindo esbravejar que o telefone quebrado é culpa sua.

BOAS MANEIRAS AO TELEFONE

(ausência de)

Quando estou falando ao telefone e você me informa que alguém mais importante está esperando na outra linha, não vou desligar na cara da outra pessoa sem qualquer explicação, deixando a você a tarefa de inventar alguma desculpa para o meu comportamento grosseiro à pessoa que foi deixada falando sozinha. Serei confiante o suficiente para saber que a segunda pessoa atenderá a minha ligação em 5 minutos, quando eu ligar de volta.

TESTES *(desconcertantes)*

Quando eu comprar um celular novo, não vou testar a câmera tirando 25 fotos nada lisonjeiras de você à sua mesa, postá-las "acidentalmente" no Facebook e, ainda por cima, marcá-las com o seu nome.

TONS DE VOZ *(hipersensibilidade aos)*

Não vou acusá-la de atender o telefone com um tom de voz "hostil" e sugerir que é por isso que eu não tenho recebido tantas ligações como de costume. Apesar de você atender as ligações exatamente do mesmo jeito nos últimos dois anos e que a razão pela qual não estou recebendo tantas ligações ultimamente é que, como todo mundo sabe, nessa época do ano os negócios sempre são mais fracos e eu a acuso da mesma coisa todo ano.

IMITAÇÃO

(a melhor forma de confusão)

Não vou decidir que gosto da capa do seu celular e obrigá-la a comprar uma igual para mim, de modo que, agora, eu sempre acho que o celular na sua mesa é o meu e passo o dia inteiro chamando você à minha sala porque "não consigo desbloquear o meu iPhone!", pois peguei o seu celular da sua mesa... de novo.

ATENDENDO O TELEFONE

(eu mesmo posso fazer)

Se o telefone tocar enquanto você estiver fora da sua mesa fazendo alguma coisa que lhe mandei fazer, vou atender eu mesma o telefone, e não deixar a ligação cair no correio de voz e depois gritar com você por me fazer perder a ligação que eu estava esperando.

DESPESAS *(duvidosas)*

Não vou obrigá-la a incluir os meus jogos do iPhone nos relatórios de despesas como "pesquisa", especialmente se eu obrigá-la a implorar uma permissão para cobrar, da empresa, o combustível que você gastou fazendo tarefas pessoais para mim.

SEUS ACESSÓRIOS DE CELULAR *(destruição repugnante dos)*

Não vou pegar emprestados os seus fones de ouvido e devolvê-los recobertos de cera de ouvido.

MENSAGENS DE VOZ *(intermináveis)*

Não vou ligar para o seu telefone do escritório na hora do almoço, tentar desligar quando perceber que você não está à sua mesa e deixar uma mensagem de voz de 15 minutos com ruídos do meu bolso enquanto dirijo/ando/sento para comer/uso o banheiro, que você é obrigada a ouvir até o fim antes de deletar porque o sistema telefônico da nossa empresa é mais velho que o seu avô.

FALAR AO TELEFONE *(preparação para)*

Quando eu ligar para o seu celular no fim de semana, estarei preparada para falar quando você atender, em vez de passar 45 segundos me atrapalhando com o telefone antes de começar a falar, levando-a a acreditar que meu celular ligou para você sem querer no meu bolso (de novo) e desligar na minha cara (o que lhe renderá um sermão de meia hora).

MENSAGENS DE CORREIO DE VOZ *(perfeccionismo desnecessário sobre coisas que eu deveria saber fazer sozinha)*

Não vou obrigá-la a gravar a mensagem de voz da minha linha quinze vezes, insistindo que você "não está sendo natural", como se isso tivesse alguma coisa a ver com o número de pessoas que me ligam ou o tipo de mensagens que elas deixam.

CONCORRÊNCIA *(contraproducente)*

Não vou tentar atender ao telefone antes de você quando ele tocar mais de uma vez e me perguntar, para todo mundo ouvir, "para que preciso de uma assistente, afinal de contas?"

ENCONTRANDO O MEU CELULAR *(ideias imprestáveis)*

Não vou obrigá-la a ligar para o meu celular para encontrar o aparelho perdido, insistindo que "eu estava com ele agorinha mesmo", quando a razão pela qual eu estava com ele agora mesmo foi porque você estava me ensinando a colocar o celular no modo silencioso.

TOQUES DE CELULAR *(repetição)*

Não vou passar meia hora tentando decidir um toque para o meu celular, tocando-os interminavelmente no volume máximo, enquanto você fantasia em entrar correndo na minha sala, arrebatar o celular da minha mão, jogá-lo no chão e esmagá-lo com o pé.

PENSANDO *(ao telefone)*

Não vou ligar para você no escritório a caminho de casa dizendo "Ah, esqueci o que eu queria dizer" e fazer você esperar na linha enquanto tento lembrar o que era, quando tudo o que você quer é poder voltar logo para casa.

TOQUES DE CELULAR *(ofensivos)*

Não vou pedir que você me ensine a configurar toques especiais para contatos diferentes no meu celular e depois lhe dizer que configurei o seu toque para o barulho irritante de uma britadeira, "porque é isso que ouço quando você passa o dia inteiro me enchendo com as suas perguntas".

NÚMEROS DESCONHECIDOS *(impossibilidade de saber por telepatia)*

Não vou ligar para você no fim de semana de um número que você não conhece, porque não consegui encontrar meu celular e precisei usar o de um amigo para ligar para você, para perguntar onde posso ter deixado meu celular e depois ficar furiosa com você por não atender imediatamente a minha ligação.

TOQUES DE CELULAR *(roubo de)*

Depois que eu decidir que gostei do toque do seu celular, não vou fazer questão de usá-lo no meu e mandar você escolher outro toque porque "caso contrário, vai ficar muito confuso para mim".

BONS MODOS AO TELEFONE

(incapaz de assumir a culpa)

Quando eu acidentalmente tossir, arrotar ou espirrar durante uma ligação, não vou culpar você, fazendo um estardalhaço e gritando com você por não deixar o seu telefone no mudo.

CHAMADA EM ESPERA *(e espera e espera e mais espera...)*

Quando eu estiver falando com você pelo celular e alguém me ligar na outra linha, não vou tentar – e fracassar – repetidamente atender a outra ligação, ficando cada vez mais enfurecida com você a cada vez que digo "Alô?" e sou recebida pela sua voz me dizendo que ainda está na linha, como se você estivesse sabotando de propósito a minha capacidade de falar com outras pessoas.

INDECISÃO *(saindo caro demais)*

Não vou insistir que você me ligue do celular no fim de semana, quando eu estiver em um país estrangeiro, e me recusar a reembolsar os 15 minutos que passei tentando me decidir sobre onde tomar o café da manhã, enquanto você me ouvia, resignada, e tentava calcular quanto do seu salário essa decisão lhe custaria.

USO DO CELULAR *(me decidindo)*

Não vou insistir que você deixe o seu celular na gaveta quando estiver no trabalho "para você não se distrair", e rodar a baiana por você não responder imediatamente aos SMSs que lhe enviei da sala de um colega pedindo um documento.

NOVOS CELULARES *(prioridades)*

Depois de insistir que a empresa não tem verba suficiente para comprar para você um novo smartphone de trabalho, com um teclado que não requer que você pressione alguns botões cinco vezes para eles funcionarem, não vou imediatamente fazer uma solicitação para a compra de um smartphone novo para o meu filho de 12 anos.

CULPA *(realmente assumindo a)*

Quando eu desligar uma ligação sem querer, não vou mandar você ligar de volta para a pessoa com quem eu estava falando, te culpar pela interrupção, insistindo que foi você que nos desconectou, e ainda obrigá-la a entrar na linha para se desculpar com a pessoa e prometer que isso nunca mais vai acontecer de novo (mas vai acontecer, porque não sei usar meu telefone).

DISPONIBILIDADE POR TELEFONE *(falta de controle sobre)*

Não vou mandá-la "tentar todo mundo do registro de ligações" e me enfurecer com você quando a única pessoa que atender o telefone é a única pessoa com quem eu não queria falar, como se você tivesse feito isso de propósito, só para me irritar.

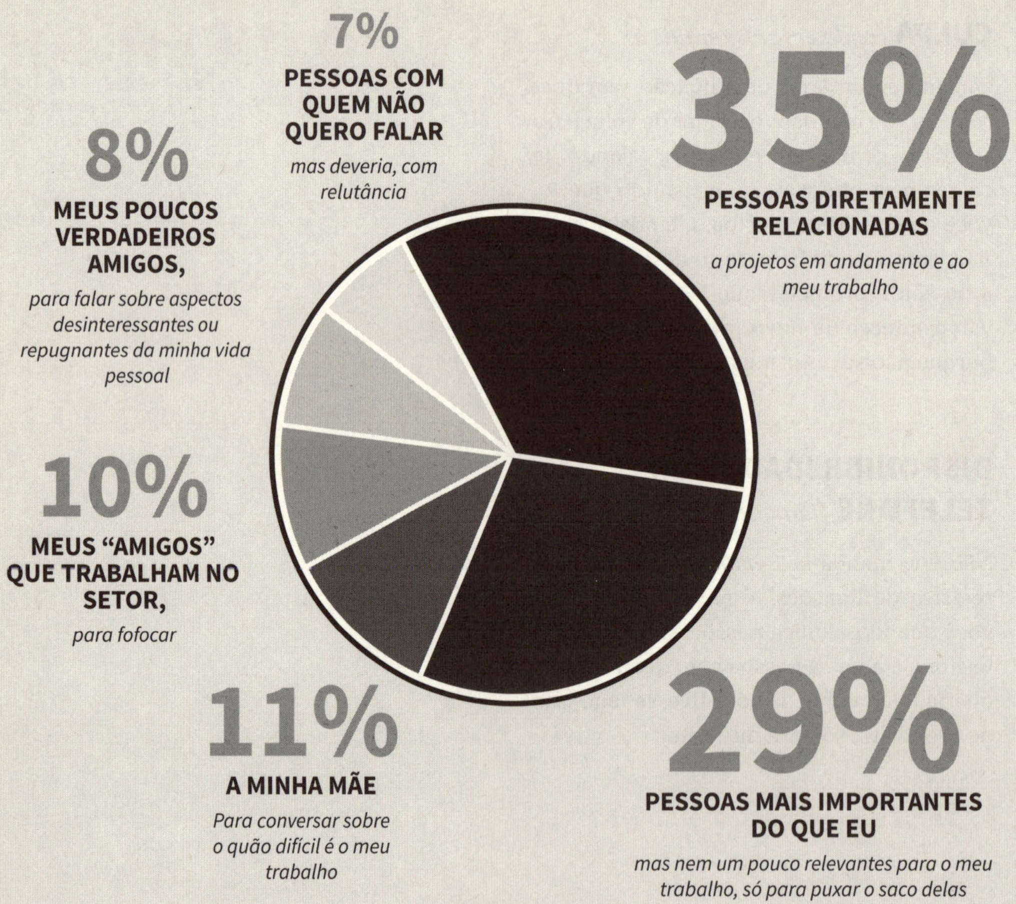

PESSOAS PARA QUEM EU LIGO DURANTE O HORÁRIO COMERCIAL

Analisando por partes...

CHATS DO INFERNO: NÚMEROS

(usando-os para distinguir as coisas)

14:34 Daniel na linha 1, Alexandra na linha 2. ASSISTENTE

CHEFE atendo o Daniel 14:35

14:35 Ele está na linha 1. ASSISTENTE

14:35 Essa é a linha 2. ASSISTENTE

14:36 Essa ainda é a linha 2. ASSISTENTE

14:36 Você ainda está na linha 2... o Daniel está na linha 1. ASSISTENTE

CHEFE diga ao Daniel que eu ligo para ele logo mais. 14:37

CHEFE nunca mais deixe isso acontecer 14:38

E-MAILs, CHATs E SMSs

Eles deveriam facilitar a vida, certo?

CHAT

(não é bem a mesma coisa que falar)

Nunca vou fazer uma pergunta pelo chat e depois mandar a mesma pergunta em letras maiúsculas, repetidas vezes, com uma com pontuação cada vez mais frenética, se você não responder imediatamente.

TIPOS DE COMUNICAÇÃO

(escolhendo o melhor)

Quando eu estiver fora do escritório, não vou insistir em resolver a logística de uma reunião importantíssima por uma intricada troca de SMSs de uma hora em vez de simplesmente pegar o telefone e ter uma conversa de 5 minutos com você.

CONVERSAS IMPORTANTES

(método apropriado)

Não vou demiti-la por SMS, e-mail ou por telefone. Se eu não suportar conversar cara a cara com você, isso é sinal de que sou uma babaca e não mereço o privilégio de demitir alguém.

E-MAILS *(prestando atenção a)*

Se eu estiver fofocando sobre alguém por e-mail, não vou acidentalmente copiar essa pessoa no e-mail e depois achar um jeito de culpar você por isso.

ASSINATURAS DE E-MAIL

(hipócritas)

Não vou mandar você incluir na minha assinatura de e-mail a frase "por favor, pense no meio ambiente antes de imprimir este e-mail", mas continuar mandando você imprimir e arquivar todos os e-mails que considero importantes (basicamente todos os e-mails que já recebi de alguém), "só para o caso de o computador quebrar".

REVISÃO *(excessiva)*

Depois de descobrir que você é boa em gramática e ortografia, não vou chamá-la à minha sala para revisar praticamente todos os e-mails que eu escrever, e depois me perguntar por que você está demorando tanto para fazer seu trabalho. Em vez disso, usarei o corretor ortográfico ou o que sobrou da minha educação universitária.

ENTENDENDO AS FUNÇÕES DO E-MAIL, PARTE 1

Não vou lhe enviar uma conversa de e-mails com você em cópia oculta e depois mandá-la responder a todos enviando as suas informações de contato, "para o caso de alguém precisar da sua ajuda", obrigando-a a aparecer, do nada, em uma enorme conversa de e-mails, um comportamento que as pessoas naturalmente acharão bizarro, incompetente ou os dois.

ENTENDENDO AS FUNÇÕES DO E-MAIL, PARTE 2

Vou entender a diferença entre encaminhar e responder, bem como o fato de que uma dessas ações envia em anexo o documento que quero que você imprima e a outra, não.

ENTENDENDO AS FUNÇÕES DO E-MAIL, PARTE 3

Vou entender que existe um limite de tamanho para os anexos de e-mail e que o meu e-mail não está "quebrado" quando eu não consigo enviar um vídeo de 100MB ao meu melhor amigo (que provavelmente nem queria receber um vídeo de 20 minutos não editado do meu cachorro fazendo truques básicos).

ASSINATURAS DE E-MAIL
(irritantes para todos os envolvidos)

Se eu insistir em incluir citações inspiradoras nas minhas assinaturas de e-mail, vou encontrá-las sozinha. Não vou encarregá-la de encontrar o ditado otimista perfeito para cada semana e mudar a minha assinatura antes de eu chegar ao trabalho, na segunda-feira de manhã.

PROPAGANDA *(embaraçosa)*

Não vou obrigá-la a mandar um e-mail para o escritório inteiro anunciando uma "grande liquidação!" na butique caríssima de roupas de cachorro onde a minha cunhada faz um bico.

O CIRCUITO *(mantendo você nele)*

Não vou me esquecer de copiá-la nos e-mails e armar um barraco quando você não conseguir encontrar o e-mail importantíssimo que eu insisto que também enviei para você.

CAMPO DE ASSUNTO *(importância de preencher o)*

Vou digitar o assunto dos meus e-mails no campo apropriado, para que você possa encontrar facilmente o que eu estou gritando a plenos pulmões para você achar "AGORA! AGORA!! AGORA!!!", enquanto estou numa conferência telefônica. Não vou deixar os campos de assunto de todos os meus e-mails em branco, de modo que você acaba tendo que encaminhá-los para si mesma com o campo de assunto preenchido, uma tarefa que pode parecer fácil se eu não lhe mandasse uns quinhentos e-mails por dia.

ORGANIZAÇÃO *(injustificada)*

Quando você organizar todos os meus e-mails em pastas para eu poder encontrar mensagens importantes com mais facilidade, atendendo a um pedido meu, e passa uma boa meia hora me explicando como arrastar os e-mails para as pastas e como encontrar as coisas, não vou chamá-la à minha sala no dia seguinte e insistir que "você excluiu quase todos os e-mails da minha caixa de entrada!"

ENVIANDO SMSs *(com um bebê)*

Não vou deixar que o meu filho pequeno brinque com o meu smartphone, levando você a receber SMSs "meus" depois do horário de trabalho e nos fins de semana, que consistem em combinações de caracteres e emoticons sem sentido (mas, que mesmo assim, fazem o seu coração disparar a cada vez que o meu nome aparece no seu celular).

CHATS *(interrompendo o seu trabalho)*

Quando você estiver trabalhando em um projeto importante que precisa ser concluído nas próximas duas horas, não vou ficar te mandando uma série de perguntas pelo chat sobre outras tarefas completamente sem importância e que só precisam ser feitas no mês que vem, isso porque estou entediado devido ao fato de que você está fazendo todo o meu trabalho por mim.

CONFUSÃO DE IDENTIDADES *(culpa por)*

Não vou passar uma hora inteira falando pelo chat com você e achando que você é outra pessoa e, quando perceber o meu erro, me irritar com você por "me fazer de boba", apesar de você não fazer ideia do que estava acontecendo devido à total incoerência das minhas mensagens em geral.

AUTOCORREÇÃO *(ou autoconfusão)*

Vou prestar atenção à função de correção automática do meu celular e perceber quando ele transforma as minhas mensagens em coletâneas de palavras incompreensíveis, que mais lembram um haicai. Também não vou ficar brava quando você não entender esses haicais e me pedir esclarecimentos.

E-MAIL *(não enviados e, portanto, não lidos)*

Não vou pegar a mania de salvar e-mails não enviados na minha pasta de rascunhos para terminar de escrever depois, e gritar com você por não fazer o que eu mandei nesses e-mails, que você não fez porque nunca cheguei a enviar ou mesmo terminar de escrever esses e-mails.

REFERÊNCIAS A MIM MESMO *(irritantes e ligeiramente inquietantes)*

Não vou me referir a mim mesma na terceira pessoa quando estiver falando no chat, por e-mail ou SMS com você. Não tenho sangue azul e nem me comporto bem a ponto de alguém achar que eu tenho.

INSTRUÇÕES *(completa ausência de)*

Não vou lhe encaminhar e-mails de pessoas das quais você nunca ouviu falar, sobre assuntos aparentemente aleatórios sem qualquer contexto e, quando você responder pedindo esclarecimentos, retrucar só com as palavras "vc já fez????"

PONTUAÇÃO *(enervante)*

Não vou concluir todas as frases com reticências "..." para que você fique sempre achando que espero que você diga mais alguma coisa ou que estou sugerindo que o que você acabou de me escrever é completamente óbvio e inútil.

TOMADA DE DECISÕES *(delegar desnecessariamente)*

Não vou me inscrever em dez diferentes listas diárias de e-mails promocionais, encaminhar todos esses e-mails para você "pesquisar" todas as promoções e me enviar um relatório de quais valem a pena, apesar de eu nunca ter feito nenhuma única compra nos oito meses que passei obrigando você a fazer isso.

DIGITAÇÃO *(desperdício de tempo)*

Não vou mandar por chat o texto completo de um e-mail que eu quero que você envie a alguém. Se eu consigo digitar o texto em uma janela de chat, consigo digitá-lo em um e-mail e enviá-lo sozinha, especialmente se você já estiver fazendo alguma coisa para mim que deve ser concluída nos próximos 15 minutos.

RESPEITO *(mútuo)*

Não vou insistir que você assine todos os e-mails enviados para mim (e só para mim) com as palavras "Atenciosamente, [seu nome]", porque "é um sinal de respeito", embora eu tenha o hábito de lhe enviar e-mails com tudo escrito em maiúsculas e sem qualquer consideração à pontuação, ortografia, coerência ou bons modos.

EMOTICONS *(confusos)*

Não vou lhe enviar o que parece ser um e-mail absolutamente direto e sincero, mas assiná-lo com um emoticon de carinha piscando ";)", levando-a a não saber ao certo se deveria interpretar o que escrevi com algum sentido misterioso.

CUMPRIMENTOS POR E-MAIL *(reprovação desnecessária de)*

Quando você me copia em um e-mail que enviou a outra assistente, não vou questionar se o seu cumprimento "Saudações" não é informal demais, apesar de eu sempre assinar os meus próprios e-mails com "beijim", me achando muito moderna e descolada.

PENSAR DEMAIS *(um luxo ao qual só eu tenho permissão)*

Não vou passar duas horas inteiras agonizando sobre a escolha de palavras de um e-mail que preciso enviar, pedindo e, logo em seguida, desconsiderando a sua opinião, mas depois, quando você me pedir para dar uma olhada em e-mail complicado que deve enviar para alguém importante em meu nome, dizer: "vê se para de matutar e manda logo o e-mail!"

ENCAMINHAMENTO DE E-MAILS *(traições)*

Quando tivermos uma troca de e-mails tirando sarro de um colega, seguida de uma breve discussão dos melhores horários para fazer uma reunião com o dito colega, não vou encaminhar ao colega o último e-mail da cadeia, que inclui não só os horários sugeridos para a reunião, mas também todas as piadas que escrevemos sobre ele (e depois, quando eu perceber o que fiz, dar um jeito de jogar a culpa em você).

ENDEREÇOS DE E-MAIL *(desconhecidos)*

Não vou rodar a baiana quando você não conseguir configurar, no meu smartphone novo, aquela conta de e-mail que você nem sabia que eu tinha, me privando das atualizações por e-mail do meu site de namoro/jogos/liquidações por um total de 16 horas inteiras.

APELIDOS *(esquisitos, nada profissionais e absolutamente imprecisos)*

Não vou escolher um apelido para o chat similar a "Sarada1234", "GatinhaManhosa4321", "Genio9876" ou qualquer variação destes.

PARÁGRAFOS *(formatação perfeitamente normal)*

Quando você me enviar um e-mail com dois ou mais parágrafos, com um espaçamento normal entre eles, não vou ler só o primeiro e insistir que a sua "formatação nada a ver" me levou a pensar que a mensagem tinha terminado depois das primeiras frases, embora o conteúdo indicasse claramente que não era o caso.

RESPOSTAS *(hieroglíficas)*

Não vou responder perguntas pelo chat só com carinhas sorridentes ou tristes, transformando simples perguntas do tipo sim ou não em um exercício de adivinhação de qual resposta me deixa feliz e qual me deixa triste.

ACESSO À MINHA CONTA DE E-MAIL *(desvantagens, Parte 1)*

Não vou pegar a mania de enviar e-mails íntimos ao meu marido pelo meu e-mail do trabalho, o qual você tem acesso, e obrigá-la a ler todas as minhas mensagens para encontrar e-mails que eu "perdi".

ACESSO À MINHA CONTA DE E-MAIL *(desvantagens, Parte 2)*

Não vou enviar a um colega/amigo uma mensagem do meu e-mail do trabalho, ao qual você tem pleno acesso, detalhando todos os seus traços de personalidade (perfeitamente normais) que me irritam em você e perguntar qual é o melhor jeito de demiti-la "sem demiti-la de verdade" quando eu ficar "de saco cheio".

ACESSO À MINHA CONTA DE E-MAIL *(desvantagens, Parte 3)*

Depois que eu descobrir que você pode enviar mensagens do meu e-mail pelo seu computador, não vou pegar a mania de lhe enviar algumas frases incoerentes e um endereço de e-mail sempre que eu não estiver a fim de elaborar os meus pensamentos por escrito, e esperar que você escreva e envie um e-mail que faça todo o sentido e, ao mesmo tempo, soe como se eu tivesse escrito sozinha. Usarei essa possibilidade somente em emergências, para você não ter de se responsabilizar pelos e-mails de duas pessoas.

SOM *(importância do)*

Se eu mandá-la desligar o som do seu programa de chat porque o barulho "está me deixando louca", não vou me enfurecer quando você não responder imediatamente a minha mensagem do chat porque não teve como ouvir o som de alerta.

FOTOS DE PERFIL *(representações imprecisas da minha personalidade)*

Não vou usar a foto de um bichinho fofinho no meu perfil do chat, de modo que, quando eu estiver lhe passando um sermão pelo chat, as minhas palavras desnecessariamente incisivas pareçam estar vindo de um gatinho ou cachorrinho de olhos esbugalhados, formando uma confusa combinação de palavras e imagens, que a leva a tremer sempre que vir a foto de um bichinho fofo na internet, até meses depois de ter deixado de trabalhar para mim.

SARCASMO *(uso adequado do)*

Vou entender que o sarcasmo, quase insuportável, que uso com tanta frequência nas minhas conversas presenciais com você – que, a propósito, considero hilário – não se traduz tão bem no texto escrito e faz com que muitos dos meus e-mails, mensagens instantâneas e SMSs sejam confusos, um tanto constrangedores, ou ambos.

SUA OPINIÃO *(revelando o que acho da)*

Não vou lhe encaminhar um e-mail de outra pessoa, perguntando "o que você acha?" e, depois de que você responder com uma bem fundamentada elaboração do que pensa sobre o assunto, responder informando que me enganei e que deveria ter encaminhado a mensagem a outra pessoa, o que deveria ser mais do que óbvio já que eu jamais pediria a sua opinião sobre um assunto tão importante.

EXPECTATIVAS X REALIDADE
MEIOS DE COMUNICAÇÃO:

O meio de comunicação certo para a situação e o método que vou escolher usar

A SITUAÇÃO	O MEIO DE COMUNICAÇÃO CERTO	O MEIO DE COMUNICAÇÃO QUE USAREI
Você está ao telefone, tentando agendar uma reunião importantíssima e quero que você diga alguma coisa para outra assistente	Ir à minha mesa e mandar essa informação pelo chat, porque sei que você está sempre de olho na sua janela do chat	Ficar em pé atrás de você e repetir essa informação vez após vez sempre que você para de falar, resultando na sua incapacidade de me entender e de entender a pessoa com quem você está falando
É um fim de semana e preciso que você faça algo que requer muita explicação da minha parte para que você possa fazer corretamente	Enviar um e-mail descrevendo o que quero que você faça e, se for urgente, um SMS pedindo para você dar uma olhada no seu e-mail	Deixar uma mensagem de voz de 5 minutos, na qual tento, mas não consigo, explicar com clareza o que preciso que você faça e deixar de atender o telefone ou abrir o e-mail nas próximas quatro horas quando você tentar esclarecer as instruções

A SITUAÇÃO	O MEIO DE COMUNICAÇÃO CERTO	O MEIO DE COMUNICAÇÃO QUE USAREI
Tem algo me irritando, mas não tenho como obrigá-la a vir à minha sala ouvir as minhas reclamações porque você está ocupada trabalhando em um projeto urgente	Esperar você terminar o projeto (a essa altura provavelmente já vou ter esquecido o que estava me irritando de qualquer jeito) ou encontrar outro subordinado para ouvir as minhas reclamações	Escrever as minhas queixas no chat e esperar que você responda imediatamente com carinhas tristes e palavras de compaixão, acusando-a de estar "bem longe de ser uma profissional multitarefa", quando você leva mais de 5 segundos para responder por estar concentrada em uma tarefa importante
Tenho algumas observações sobre um documento que você elaborou	Anotar todas as observações no documento em uma caligrafia legível e entregar o documento com as anotações para você revisar	Rabiscar as observações na primeira versão do documento, que eu conseguir encontrar na pilha de papéis da minha mesa, que inevitavelmente será uma versão de duas semanas atrás que você já revisou, e perder a paciência quando você me informar que eu preciso fazer tudo de novo

CHATS DO INFERNO:
MENSAGENS INSTANTÂNEAS

(não é um método portátil da comunicação)

CHEFE: Sarah — 14:05

CHEFE: SARAH — 14:05

CHEFE: SARAH!! — 14:06

CHEFE: Sarah cadê você???? — 14:07

CHEFE: ????!!!!!???? — 14:07

CHEFE: ASRAH!!??!! — 14:08

14:09 — Desculpe, eu estava pegando aquele documento que você pediu na impressora. :ASSISTENTE

CHEFE: minha garrafa de água está vazia — 14:09

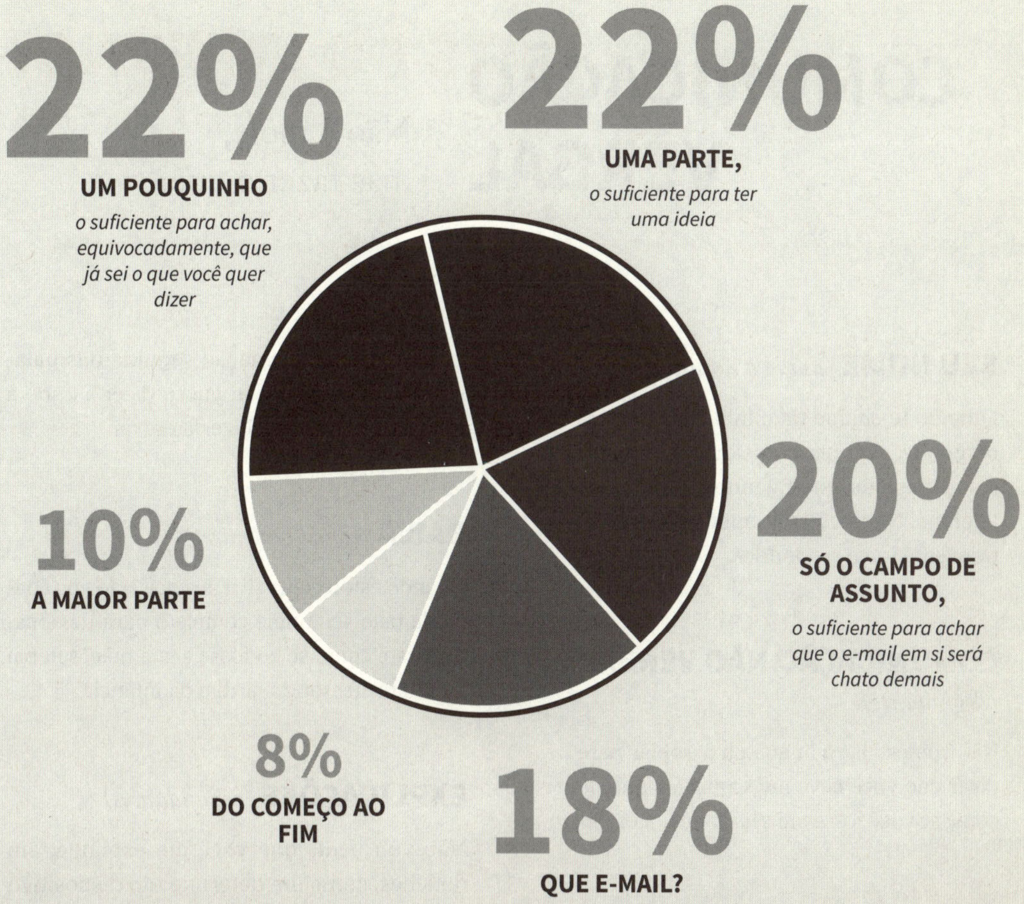

QUANTO DO E-MAIL QUE VOCÊ ME ENVIOU EU, DE FATO, LI

Analisando por partes...

COMUNICAÇÃO VERBAL

Não é mole, mas fazer o quê?

SEU NOME *(usado à exaustão)*

Quando te chamo da minha sala e você não responde, vou presumir que você não está à sua mesa ou está falando com alguém no telefone. Não vou continuar berrando o seu nome até você responder.

COMUNICAÇÃO NÃO VERBAL *(degradante)*

Não vou estalar a língua ou assobiar para indicar que você deve me seguir a algum lugar como se você fosse um cavalo ou um cachorro.

PERGUNTAS *(respostas falsas a)*

Quando você me fizer alguma pergunta, a minha resposta será mais que uma frase consistindo na sua pergunta original na forma de uma afirmação seguida das palavras "você sabe o que quero dizer", onde a informação crucial deveria entrar.

RAIVA *(condescendente)*

Quando estou com raiva de você, não vou chamá-la pelo seu nome completo para demonstrar isso, como se eu fosse a sua mãe, seu pai ou seu professor do jardim da infância.

EXPLICAÇÕES *(redundantes)*

Não vou pedir que você me explique, em detalhes, como um determinado dispositivo tecnológico funciona e, depois de você passar 15 minutos me explicando, dizer "tudo bem. Agora escreva tudo isso num e-mail para eu entender".

RESPOSTAS
(adiadas indefinidamente)

Quando você entrar na minha sala para me fazer uma pergunta importante, que ignorei tanto no e-mail quanto no chat, não vou acusá-la de ser insistente demais e dizer que "eu respondo quando eu quiser responder", mesmo quando nós duas sabemos que isso quer dizer "é melhor esperar sentada".

SEU NOME *(não dando a mínima bola)*

Não vou me acostumar a chamá-la pelo nome da minha assistente anterior, sem nunca me dar ao trabalho de aprender o seu verdadeiro nome, de modo que você é forçada a atender pelo nome de outra pessoa todos os dias no trabalho, confundindo todo o pessoal do escritório no primeiro mês (especialmente se você for um homem e a minha assistente anterior for uma mulher, ou vice-versa).

EMBOSCADAS *(prolongadas)*

Não vou aparecer de repente atrás de você no corredor e começar a descrever um projeto em detalhes, sem lhe dar tempo para correr à sua mesa para pegar uma caneta e um bloco de papel para que você possa se lembrar da torrente de especificações estranhas que estou jogando na sua cabeça.

APELIDOS *(repulsivos)*

Não vou chamá-la de "meu bem", "docinho", "querida" ou qualquer variação desses termos. Não sou sua mãe, seu marido ou a garçonete de um restaurante de beira de estrada.

AFIRMAÇÕES
(questionando a sua competência)

Não direi "você parece cansada" pouco antes de você fazer uma apresentação para a empresa inteira.

BOAS MANEIRAS *(básicas)*

Vou dizer "por favor" e "obrigada", em vez de gritar ordens no seu ouvido e receber as coisas que você traz em um silêncio ressentido.

CONVERSA *(normal)*

Quando eu sair da minha sala para falar com você sobre alguma coisa, ficarei diante da sua mesa e conversarei cara a cara com você. Não vou dar a volta e ficar atrás da sua mesa, obrigando-a a virar a cabeça, mas não a cadeira, porque estou tão perto que se você virar na cadeira, seus joelhos chegariam a roçar nos meus.

DESCULPAS *(repetição forçada de)*

Depois de você ter cometido um erro, se desculpado e eu ter aceitado o seu pedido de desculpas e lhe dado majestosamente o meu perdão, não passarei o resto da semana fazendo longos sermões sobre o mesmo erro, forçando-a a pedir desculpas até acabar com ainda menos autoestima do que eu.

NOMES *(pronúncia)*

Se eu não for capaz de pronunciar corretamente o nome de um colega, não vou ficar brava com você por me corrigir discretamente quando eu usar a pronúncia incorreta e ficar ainda mais furiosa quando você parar de me corrigir e eu destruir o nome do colega na frente da empresa inteira.

SUA OPINIÃO *(realmente pedindo a)*

Quando eu pedir a sua opinião, não vou acusá-la de falta de originalidade quando você concordar comigo e de ser "do contra" quando você discordar.

SER UMA POETISA *(sem o saber)*

Não vou me enfurecer com você por sorrir quando quatro frases que eu dizer acidentalmente rimarem em um pentâmetro iâmbico perfeito. Também rirei, porque tenho senso de humor e porque o que acabei de dizer soou mesmo ridículo.

RESPOSTAS *(ditas em voz alta)*

Quando você me fizer uma pergunta, minha resposta não se limitará a um dar de ombros. Eu, pelo menos, me darei ao trabalho de dizer um "sei lá", especialmente se estivermos conversando por chat, SMS ou e-mail, de modo que não temos como ver os gestos uma da outra.

TONS DE VOZ *(alarmes falsos)*

Não vou pegar a mania de chamá-la à minha sala com um tom solene só para conversar sobre alguma coisa completamente banal com você, para que você pense que vou demiti-la quase todos os dias da semana.

DISTÂNCIA *(comunicação a)*

Não vou gritar seu nome do outro lado do escritório e esperar que você seja capaz de me ouvir e responder. Em vez disso, vou ligar no seu celular, fazendo o uso apropriado de um aparelho que foi inventado para resolver justamente o problema da comunicação a uma distância além do alcance dos gritos.

FRASES *(permitindo a conclusão de)*

Quando estivermos conversando, vou deixar você terminar as suas frases em vez de interpretar as primeiras quatro palavras que saem da sua boca como a sua resposta completa, e insistir que você está errada.

PERGUNTAS *(respondendo com)*

Não vou responder a uma simples pergunta com uma outra pergunta, um exercício que acho que a conduzirá à sua própria resposta, mas que que só resulta em confusão e atrasos.

TONS DE VOZ *(variando de acordo com a ocasião)*

A minha "voz sarcástica e irritada" não será no mesmo tom inexpressivo que a minha "voz neutra para responder uma pergunta", obrigando-a a transformar quase todas as conversas em um diálogo irritante, devido à sua constante necessidade de confirmar o que eu realmente quis dizer.

RESPOSTAS *(cancelando as)*

Quando eu lhe fizer uma pergunta e você responder com um "Hmmmmm" enquanto pensa na resposta, não vou repetir o ruído em um tom agressivo e alto para sugerir ostensivamente que você pare de responder às perguntas desse jeito, mas levando-a a se atrapalhar e ser incapaz de responder corretamente a pergunta.

PROFISSIONALISMO *(problemas imaginários com o)*

Não vou sugerir que você "se livre" do seu sotaque ligeiramente regional "para soar mais profissional".

PALAVRÕES *(e hipocrisia)*

Não vou passar o dia inteiro proferindo palavrões a qualquer pessoa e qualquer coisa, mas lhe lançar um olhar de desaprovação e choque quando você deixar escapar um "droga!" da sua boca, ao grampear o polegar em vez dos documentos.

AGRADECIMENTOS *(ditos da boca para fora)*

Sempre que eu lhe disser "obrigada" (nas raras ocasiões em que isso acontecer), não vou pronunciar essa palavra em um tom de voz tão sarcástico que sugere exatamente o contrário.

EXCLAMAÇÕES *(desconcertantes)*

Depois de você concluir com sucesso um projeto ou tarefa para mim, não vou exclamar "é por isso que pago o seu peso em ouro todo mês!", quando sei muito bem que você só ganha o salário mínimo e eu só lhe dou direito a um vale-coxinha para almoçar.

INTERRUPÇÕES *(de mim para mim mesmo)*

Não vou me interromper no meio de um pensamento quando alguma outra coisa me passar pela cabeça e me recusar a voltar ao que eu estava dizendo, insistindo que "você já tem informações suficientes para fazer o trabalho", só porque não consigo me lembrar do que estava falando antes e não quero revelar essa fraqueza a você.

GÍRIAS *(horrendas)*

Não combinarei todas as gírias ultrapassadas que ouço em uma mistura de lixo cultural horrivelmente fora de contexto, que a leva a querer se enfiar debaixo da mesa sempre que você me ouve começando uma conversa com "qualé, mané? tudo belezinha? LOL!"

DITADO *(repetição desnecessária de)*

Não vou obrigá-la a anotar um ditado, mandá-la ler a sua transcrição perfeita do que ditei e exclamar "não, não, não! Você anotou tudo errado. Você está surda por acaso?" e depois ditar um "novo" documento para você, com exatamente o mesmo significado que o primeiro, mas com palavras um pouco diferentes.

GRITOS *(desconcertantes)*

Não vou assistir a jogos no meu computador sem você saber e berrar sílabas ininteligíveis para a tela, levando-a a correr para a minha sala sempre que acontecer alguma coisa no jogo, porque os meus gritos com jogos e os meus gritos enfurecidos são exatamente iguais.

RESPOSTAS *(inúteis e ofensivas)*

Se eu estiver de mau humor, posso fechar a porta da minha sala por alguns minutos para me acalmar. No entanto, não escolherei expressar meu mau humor respondendo com um tom sarcástico a quaisquer perguntas que você me fizer, do tipo triste ou de quem finge fazer manha, levando-a a se sentir uma idiota por se atrever a me fazer uma pergunta perfeitamente razoável.

TONS DE VOZ *(desnecessariamente ofensivos)*

Quando estou explicando algo a você, não vou começar a falar mais devagar com um tom de voz condescendente, sugerindo que estou falando com uma criança, mesmo se você ainda não me fez qualquer uma das suas perguntas "irritantes".

RESPONSABILIDADES *(súbita divisão de)*

Ao falar sobre um projeto no qual nós duas trabalhamos em uma reunião, não vou me pôr a descrever o processo com frases que começam com a palavra "eu" e, quando as pessoas começarem a fazer perguntas investigativas e críticas, mudar para afirmações que começam com a palavra "nós".

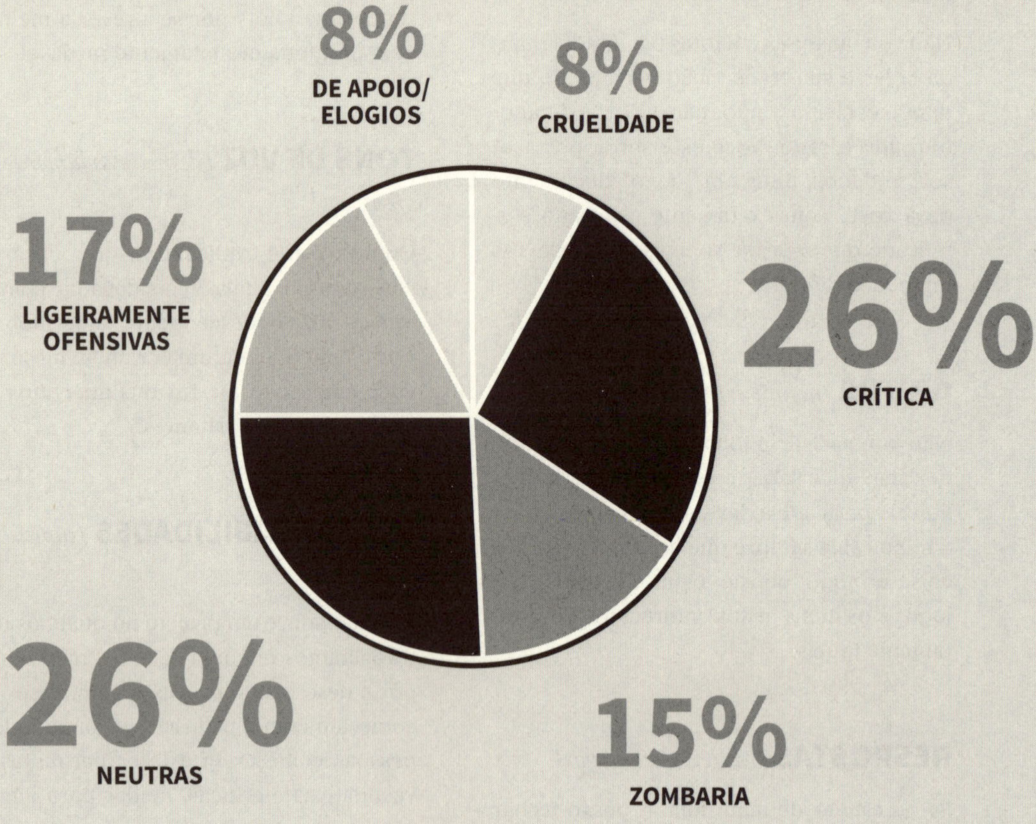

CONTEÚDO DAS PALAVRAS QUE DIGO A VOCÊ

Analisando por partes...

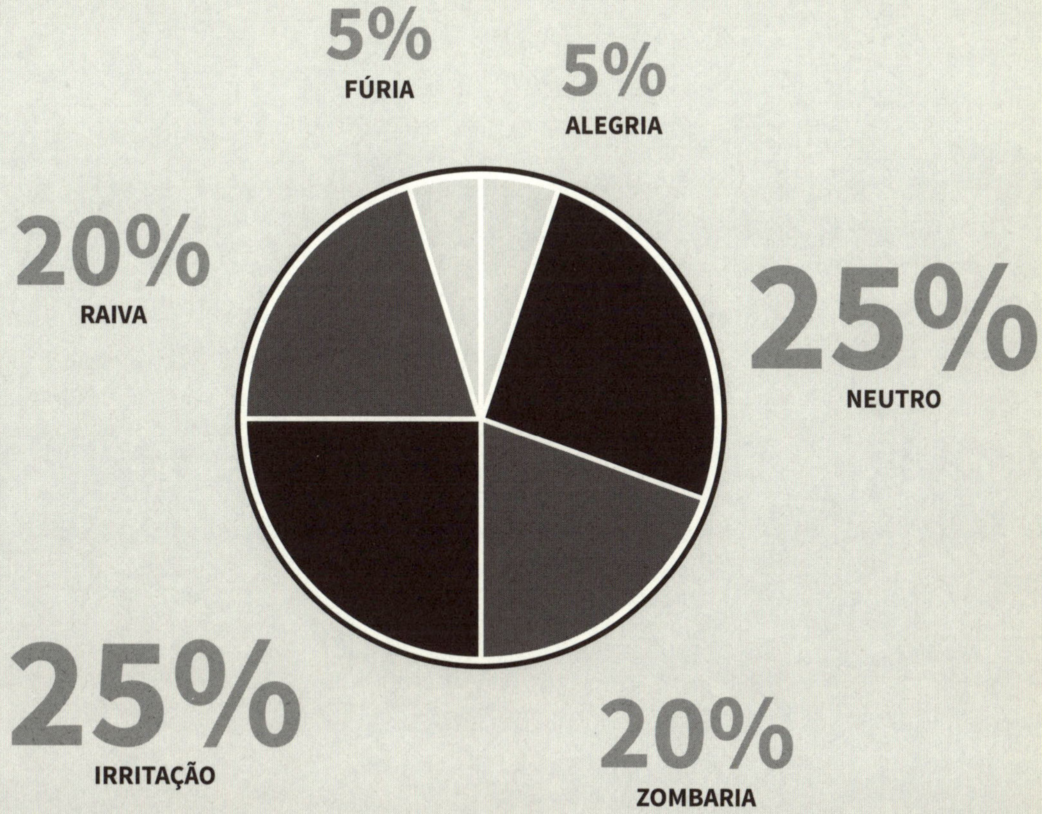

TOM DAS PALAVRAS QUE DIGO A VOCÊ

Analisando por partes...

4.

VIAGENS E TRANSPORTE

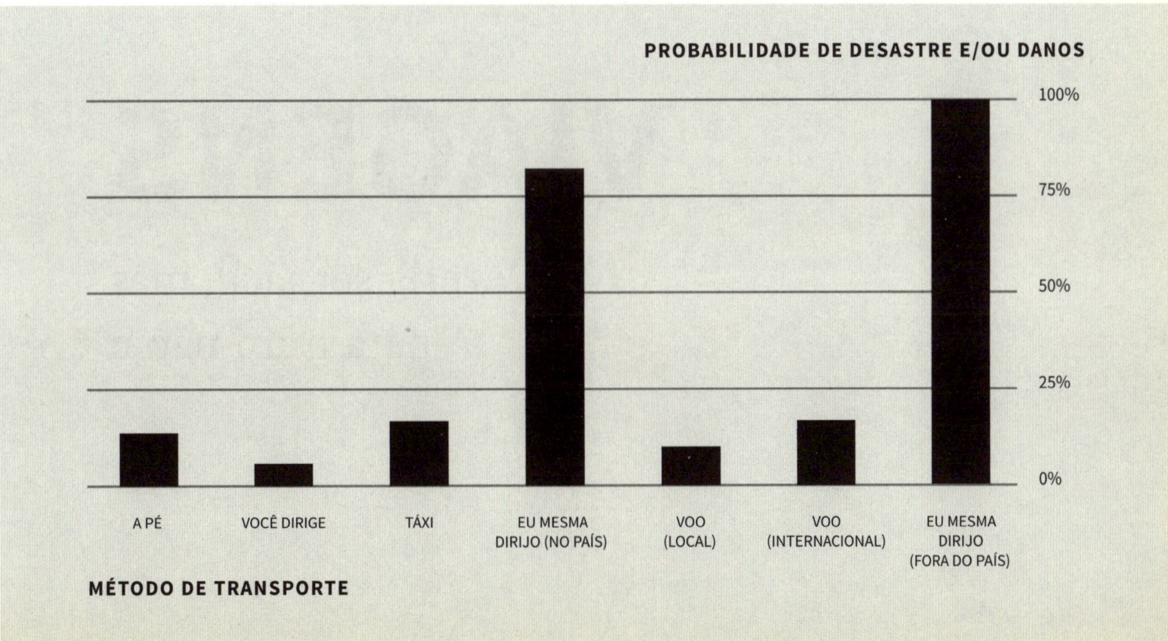

VIAGENS

Deveria ser fácil, mas
para mim não é

15%

ESTOU CONVENCIDA DE QUE O LUGAR

será o próximo ponto de encontro dos ricos e famosos e quero ser a primeira das minhas amigas a conhecer o lugar para, quando elas me contarem animadamente que planejam ir para lá, eu poder dizer: "Ah, [nome do local]? Era legal seis meses atrás, mas agora que o povão ficou sabendo..."

40%

CONSIGO INVENTAR UMA DESCULPA DE TRABALHO PARA IR,

às custas da empresa, naturalmente

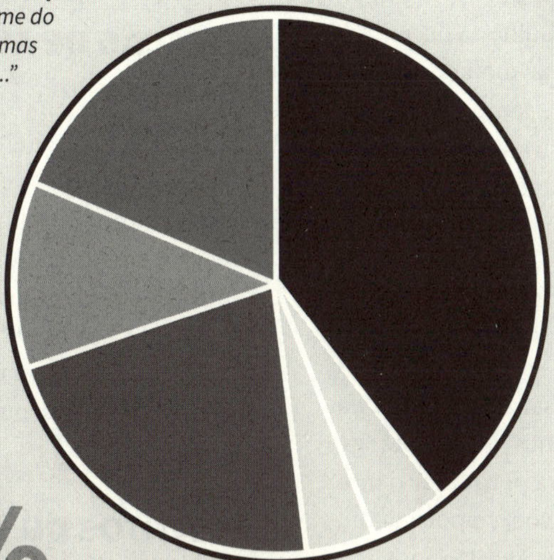

11%

A PESSOA COM QUEM ESTOU TRAINDO O MEU MARIDO MORA LÁ

22%

UMA DAS MINHAS COLEGAS FOI PARA LÁ

de férias há um mês e não posso permitir que ela seja mais viajada que eu

6%

FAZ TEMPO QUE EU QUERIA CONHECER O LUGAR

e finalmente acho que posso me dar ao luxo de passar as férias lá

6%

TENHO BOAS RAZÕES PARA IR A TRABALHO

e não gastarei nenhum centavo a mais do dinheiro da empresa do que for preciso

AS MINHAS RAZÕES PARA VIAJAR A ALGUM LUGAR

Analisando por partes...

AGENTES DE VIAGENS

(utilidade dos)

Não vou me recusar a usar o agente de viagens da nossa empresa para fazer a reserva das minhas passagens, devido a algum inexplicável senso de orgulho. Vou entender que, tendo menos da metade do conhecimento, experiência e tempo, você não será capaz de fazer um trabalho tão bom quanto o do agente de viagens.

INFORMAÇÕES DE VIAGEM

(não essenciais)

Não vou obrigá-la a passar 20 minutos na espera com o atendimento ao cliente de uma companhia aérea para perguntar o modelo da aeronave do meu voo, só porque "eu esperava que fosse um dos modelos novos".

SEGURANÇA

(preocupações irracionais sobre a)

Não vou insistir que você me consiga a passagem aérea mais barata que encontrar e, quando você vier com uma lista de companhias aéreas menos conhecidas, mas mesmo assim consagradas pelas tarifas mais baixas (com as quais você viaja o tempo todo), perguntar com toda a sinceridade se você está querendo me matar em um acidente de avião.

LOCAÇÃO DE AUTOMÓVEIS

(procrastinação)

Não vou mandá-la encontrar para mim um modelo específico de carro esportivo para alugar durante a minha viagem e, quando você me enviar as duas únicas opções existentes na cidade à qual vou, levar tanto tempo para decidir qual cor quero que, quando que você tenta reservar o carro, os dois já foram locados por outras pessoas.

ASSENTOS DO AVIÃO

(fazendo uma escolha)

Não vou me recusar a responder quando você perguntar se prefiro sentar na janela ou no corredor de um avião, e depois me queixar de qualquer escolha que você foi forçada a fazer por mim.

VIAGENS COM ANIMAIS DE ESTIMAÇÃO *(absurdas)*

Não vou mandar você dar um jeito de conseguir um certificado de "animal de serviço psiquiátrico" para o meu cachorro obeso só para ele poder viajar comigo na cabine do avião, obrigando-a a passar várias horas no telefone e a mentir para uma pessoa extremamente gentil do escritório local de deficiência mental, cuja ânsia de ajudar a faz se sentir ainda mais culpada por me ajudar a burlar as regras do sistema.

BONS NEGÓCIOS *(incapacidade de encontrar um por conta própria)*

Não vou mandá-la encontrar uma casa de praia para as minhas férias, rejeitar todas as opções que você me apresentar por serem feias ou caras demais e, depois que um amigo oferecer para me emprestar a casa dele de graça, me queixar de que "eu tenho que fazer tudo sozinha para conseguir um bom negócio".

HORÁRIOS DE VOOS *(expectativas X realidade)*

Quando você me informar que só há um voo disponível dentro de um período de doze horas, não vou responder encaminhando um e-mail anterior meu, no qual destaquei em sublinhado, negrito e itálico a frase na qual exigi várias opções de voo.

VIAJANDO COM ANIMAIS DE ESTIMAÇÃO *(recusando-me a assumir a culpa)*

Se eu só me lembrar de lhe informar um dia antes da viagem que pretendo levar meu cachorrinho no avião comigo e você me informar que, infelizmente, as reservas de animais de estimação já estão todas lotadas para aquele voo, não lhe acusarei de assassinato se algo acontecer com o "meu bebê", enquanto ele estiver viajando no compartimento de carga.

PESQUISAS DE HOTEL *(desnecessárias)*

Não vou obrigá-la a passar quase um dia inteiro pesquisando opções de hotel para mim, imprimir trinta páginas de informações detalhadas sobre todos eles, com listas e descrições de restaurantes e lojas nas proximidades, e, quando você me entregar a sua extensa pesquisa, folhear as quatro primeiras páginas e decidir que prefiro reservar um quarto no mesmo hotel que sempre uso quando vou àquela cidade.

MILHAS AÉREAS *(esgotando todas as opções impossíveis e desnecessárias)*

Sempre que eu precisar comprar passagens aéreas, não vou obrigá-la a passar várias horas tentando descobrir como posso usar minha milhagem para tentar conseguir as passagens de graça, o que normalmente é impossível, já que sempre deixo para decidir meus planos de viagem no último minuto, e finalmente deixar que você pague as passagens com o meu cartão de crédito, já que vou acabar cobrando da empresa de qualquer jeito.

DISTÂNCIAS FÍSICAS *(permanência das)*

Não vou mandar você encontrar um voo "mais curto" quando todas as opções que você me apresentou já são de voos diretos.

ESQUEMAS PARA POUPAR TEMPO *(grotescos)*

Não vou mandar você ligar para a companhia aérea na qual viajarei e fingir que tenho uma doença grave que me obriga a ser levada de cadeira de rodas pelo aeroporto, só para eu passar pela segurança um pouco mais rápido.

ESQUEMAS PARA POUPAR DINHEIRO *(também grotescos)*

Não vou obrigá-la a ligar para um hotel, no qual decidi não ficar no último minuto, "explicar" que eu tive uma morte na família e tentar convencê-los a não me cobrar a taxa de cancelamento.

MÉTODO DE FAZER AS MALAS *(nos mínimos detalhes e um tanto repugnante)*

Não vou obrigá-la a passar a tarde inteira antes de eu viajar despejando todos os produtos de higiene pessoal de luxo e "naturais", com um cheiro esquisito, em frascos de menos de 100 ml para eu poder passar pela segurança do aeroporto. Enquanto grito "cuidado, isso aí é caro!" a cada vez que eu passar pela sua mesa e achar que você está prestes a derramar uma única gota do conteúdo, apesar de você ter feito um funil reforçado com uma pasta de plástico e muita fita adesiva para nenhuma gota cair nas suas coisas, deixando a sua mesa com o mesmo cheiro que eu.

ESQUECIMENTO *(fora de hora)*

Não vou lhe mandar um e-mail, às 21h da véspera do meu voo das 6h para a Europa, para dizer que me esqueci de comprar um adaptador universal e mandar você "dar um jeito de conseguir um para mim antes de eu sair, valeu".

CHECK-INs NO AEROPORTO *(confirmação redundante de)*

Não vou ligar no seu celular às 6h da manhã para confirmar se você já fez o check-in para o meu voo das 10h da manhã, especialmente quando você já me mandou um e-mail na noite anterior confirmando o check-in.

ORÇAMENTOS DE VIAGEM *(hipócritas)*

Não vou mandar você me levar ao aeroporto para o meu voo das 7h, "porque um táxi sai caro demais" e, logo em seguida, lhe dizer para me comprar um tablet para a minha viagem, assim eu não terei de ficar "arrastando os livros por aí".

PREPARAÇÃO *(tragicamente esquecida)*

Quando vou sair em uma viagem de negócios por vários países e você fizer para mim uma pasta contendo um roteiro, todas as informações de contato que eu posso precisar, mapas detalhados, frases básicas nas línguas dos países para os quais viajarei e recomendações de restaurantes de todos os níveis de preços nas cidades onde vou ficar, não vou deixar a pasta na limusine que peguei para ir ao aeroporto e passar a viagem inteira ligando ou enviando SMSs a cada uma ou duas horas para perguntar onde devo ir em seguida.

ASCENDÊNCIA *(limitações da)*

Não vou esperar que você saiba tudo sobre um determinado país só porque seus tataravós nasceram lá.

FOTOS DE PASSAPORTE *(retoques não profissionais)*

Não vou lhe entregar as fotos que tirei numa cabine fotográfica barata para renovar o meu passaporte e mandar você "fazer seus retoques mágicos" no Photoshop para as minhas orelhas não parecerem tão pontudas, quando a única "mágica" que você já fez foi pegar um arquivo de imagem enorme e transformá-lo em um arquivo menor.

SUGESTÕES DE VIAGEM *(não esnobes o suficiente para mim)*

Quando eu decidir viajar para uma cidade estrangeira que você já visitou, você me contar animadamente o quanto adorou a cidade e se oferecer para me dar algumas sugestões de museus, restaurantes e bares, não vou agradecer a sua oferta, mas descartá-la dizendo "Acho que a minha viagem vai ser um pouco mais sofisticada que a sua. Vou ficar num hotel cinco estrelas, não um albergue, para começo de conversa", apesar de você nunca ter dito que ficou em um albergue (só estou supondo isso).

DIETAS *(restrições)*

Quando eu estiver planejando as minhas férias, não vou obrigá-la a ligar para todos os restaurantes das proximidades do resort onde ficarei hospedada e compilar uma lista de quais deles se dispõem de um simples peixe grelhado (só três tipos específicos) e simples legumes grelhados, e fingir surpresa quando a sua lista tiver exatamente um restaurante: o do resort.

SENDO AVENTUREIRA *(nem que a vaca tussa)*

Não vou mandar você me enviar PDFs (em português) dos cardápios de todos os restaurantes onde planejo comer durante as minhas férias na Toscana rural, "só para eu ver se todos eles servem alguma coisa que eu gosto".

PEGADINHAS *(cruéis)*

Não vou perguntar se você quer me acompanhar em uma viagem de negócios fora do país e, quando você responder animada que sim, rir na sua cara e dizer que eu só estava brincando porque "a empresa jamais gastaria tanto dinheiro com você!"

HABILIDADES DE COMUNICAÇÃO *(expectativas de)*

Quando eu estiver a caminho do aeroporto para pegar um voo de oito horas e você me ligar com um problema urgente para resolver, não vou dizer que "eu cuido disso no avião", apesar da sua insistência de que o meu voo não tem internet, e depois lhe enviar uma série de e-mails furiosos quando eu pousar, acusando-a de "sabotar a minha produtividade".

AVIÃO COM INTERNET *(abusando de)*

Se um dos meus voos oferecer conexão com a internet, usarei para assistir a filmes e ler jornais on-line. Não usarei essa tecnologia para assediá-la por e-mail e falar por chat durante todas as seis horas que você achou que ficaria livre de mim e pretendia usar para, finalmente, trabalhar um pouco.

REGRAS DE SEGURANÇA NO AVIÃO *(me antecipando às)*

Não vou pedir para você transferir as minhas ligações a outras pessoas até a aeromoça ter de arrancar o celular da minha mão, e depois culpá-la por não fazer a ligação mais importante a tempo, que, é claro, deixei para o último instante.

ATRASOS DOS VOOS *(soluções impossíveis para)*

Quando o meu voo estiver atrasado devido a problemas mecânicos, não vou ligar para você mandando fazer reservas em vários voos da mesma companhia aérea sob nomes falsos para garantir um lugar. Quando você educadamente explicar que isso é impossível, não vou gritar: "argh, não tem jeito mesmo! Eu mesmo faço!", o que nós duas sabemos que não vai acontecer, pelo simples fato de eu não reservar as minhas próprias passagens em mais de dez anos.

MICROGERENCIAMENTO

(a 35 mil pés de altitude)

Não vou obrigá-la a passar várias horas carregando o meu tablet com filmes, livros e músicas para o meu voo de cinco horas, e passar a viagem inteira trocando mensagens com você pela internet do avião, só para lembrá-la de fazer tarefas que você já teria terminado se não tivesse de parar o que está fazendo a cada 5 minutos para responder às minhas mensagens.

RECLAMAÇÕES *(só para reclamar)*

Não vou ligar para você antes do meu voo decolar para reclamar que as passagens que você comprou para mim estão em um voo lotado, o que você não tinha como prever, especialmente quando isso me render um upgrade da classe executiva para a primeira classe.

JET LAG *(instantâneo?)*

Não vou prometer trabalhar em um projeto, que você passou semanas me aporrinhando para terminar, no meu voo de dez horas para a Europa "porque eu não vou ter nada melhor para fazer!". E, em vez disso, optar por me embebedar com uma sucessão de minúsculas garrafinhas de bebida, assistir a algumas horas de programas de TV terríveis, passar o resto do voo desmaiada, acordar quando o avião pousar tão de ressaca que só consigo me concentrar em chegar ao meu hotel e dormir por umas doze horas sem parar e depois tentar culpar o "jet lag" pelas minhas péssimas decisões, como se isso acontecesse assim que o passageiro põe os pés num avião.

AVIÕES *(as regras não são exatamente as mesmas no meu escritório)*

Se nós duas estivermos viajando de avião em uma viagem de negócios, eu estiver na classe executiva e você na econômica (naturalmente), não vou lhe mandar mensagens de chat a cada 5 minutos, usando a internet do avião, para "vir aqui" para eu poder lhe dizer alguma coisa. Não sou preguiçosa demais para digitar o que quero dizer na janela do chat, obrigando-a a sair do seu lugar e ir até a cabine da classe executiva com tanta frequência que os comissários de bordo ameaçam prendê-la no seu assento.

MEU COMPANHEIRO DE VOO
(previsões impossíveis)

Não vou lhe enviar um e-mail do voo de duas horas no qual estou no momento, perguntando se, da próxima vez que você me reservar uma passagem, você poderia, por favor, não me colocar ao lado de "uma baleia".

BAGAGEM PERDIDA
(culpando alguém por isso)

Não vou culpá-la quando a minha bagagem se perder em um voo que você reservou na companhia aérea que eu lhe disse ser "de longe, a melhor".

GOOGLE *(os limites do)*

Não vou ligar para você de uma cidade estrangeira à qual você nunca foi e dizer "me encontre um bom lugar para jantar hoje. Quero um lugar frequentado pelos moradores da cidade, não por turistas, mas os garçons precisam falar pelo menos inglês. E veja se eles têm um prato vegano disponível para o caso de me dar na telha. Também quero comer daqui a uma hora, então precisa ser perto do [cruzamento de duas ruas que eu não sei pronunciar e me recuso a repetir]. Valeu, tchau!"

SERVIÇO DE TELEFONIA INTERNACIONAL
(imprevisibilidade do)

Quando eu decidir tirar férias exóticas em um belo país remoto (apesar de a minha constituição física ser completamente inadequada para qualquer tipo de sujeira, atraso ou alimentos incomuns) não vou passar meus primeiros três dias lá lhe mandando e-mails todos em letras maiúsculas do meu quarto de hotel porque o meu smartphone não está funcionando e eu tenho medo de me afastar do meu e-mail por mais de 10 minutos.

OBSCURIDADE
(nem sempre um sinal de qualidade)

Quando eu for passar férias em um país estrangeiro, não vou descartar todas as suas sugestões de restaurantes, museus ou atrações como sendo "turístico demais", só porque você conseguiu ficar sabendo do lugar.

TRENS *(e a guerra de classes)*

Quando você sugerir que o jeito mais fácil de ir do ponto A ao ponto B na Europa pode ser de trem, não vou rir da sua cara e perguntar se "eu tenho cara de lavradora".

CLIMA *(previsibilidade do)*

Não vou ficar brava com você quando chover durante a minha viagem e os vários sites de previsão do tempo, que você imprimiu para mim antes de eu partir, não previram isso. Especialmente quando estou viajando pela Inglaterra e você me aconselhou a levar uma capa de chuva apesar da previsão de sol, um conselho que eu, como seria de se esperar, recusei.

BRINDES *(reclamando dos)*

Não vou ligar para você do meu quarto de hotel para reclamar da qualidade da cesta de frutas que estava esperando por mim quando cheguei à minha suíte executiva.

OSTENTAÇÃO *(torturante)*

Quando eu estiver numa viagem de negócios em um país estrangeiro, não vou lhe enviar um e-mail com, em média, cinco fotos por noite de belas paisagens, comida deliciosa e drinques exóticos que estou curtindo. Reconhecerei que, devido à diferença de fuso horário, isso fará o seu smartphone vibrar a noite inteira e saberei que é ridículo para mim fazê-la passar a noite em claro só para me gabar para você.

ALFÂNDEGA *(existência da)*

Não vou mandar você me enviar meu tablet, leitor digital ou outro dispositivo eletrônico enquanto eu estiver em um país estrangeiro, ignorar todas as suas advertências sobre a eternidade que pode demorar para essas coisas passarem pela alfândega e gritar com você todo santo dia durante os dois meses que o pacote leva para ser liberado pela alfândega no outro país e, finalmente, ser enviado de volta ao escritório.

E-MAIL *(monitoramento exagerado do)*

Se você de fato conseguir me acompanhar em uma viagem de negócios, não vou obrigá-la a passar o tempo todo enfurnada no business center do hotel para atualizar constantemente o meu e-mail para eu não perder nada, mesmo que estejamos em um fuso horário diferente e a nossa empresa fica fechada na maior parte do tempo que passamos acordadas.

FUSOS HORÁRIOS *(abusando dos)*

Se você estiver no nosso escritório de São Paulo e eu em uma viagem de negócios em Madri, não vou obrigá-la a chegar ao escritório às 6h da manhã para fazer e transferir ligações para pessoas em Madri e ficar até às 20h30 no escritório "só para o caso de alguém importante ligar", sabendo que vou passar quatro horas jantando e me recusaria a atender o celular mesmo se alguém precisasse falar comigo com urgência.

MILHAS AÉREAS *(acúmulo injustificado de)*

Não vou obrigá-la a passar horas ao telefone com diferentes atendentes das companhias aéreas, tentando convencê-los a me dar as milhas de viagens que fiz dois anos atrás. Sendo que eu nunca tive vontade e nem necessidade de usar essas milhas, porque meu alto salário me permite comprar passagens na classe executiva sem que isso faça muita diferença no meu saldo bancário.

PRESENTES *(não para todo mundo)*

Quando volto de férias no exterior trazendo presentes divertidos para todo mundo no escritório, vou trazer um presente para você também. Não vou deixá-la de fora e, quando um colega comentar, tentar me explicar dizendo "ah, estou sempre dando presentes para ela", uma afirmação obviamente falsa que declaro para quem quiser ouvir sem um pingo de vergonha na cara.

15%

APAGANDO FRENETICAMENTE TODOS OS INCÊNDIOS NO TRABALHO

que esqueci de resolver antes de sair de férias, apesar de você ter me lembrado cinco vezes por dia durante uma semana inteira e depois me ouvir gritar com você por não me consultar antes, o que você não teve como fazer porque me recusei a atender o celular e a checar meus e-mails.

35%

GARANTINDO-ME QUE TUDO VAI BEM NO ESCRITÓRIO,

porque não tem ninguém no escritório para pisar feio na bola

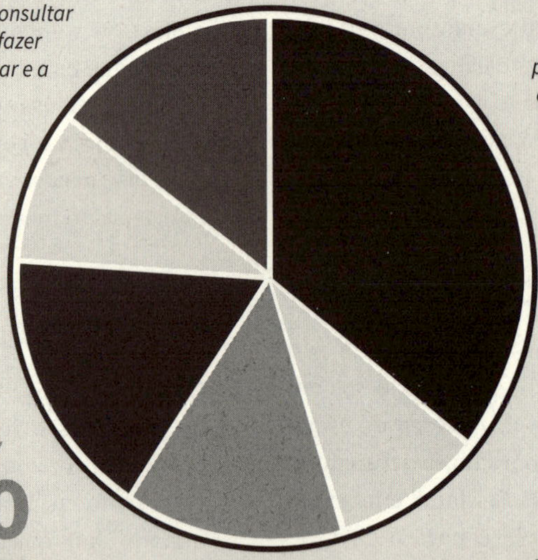

9%

TIRANDO UMA SONECA

no sofá da minha sala

22%

CORRENDO ATRÁS DO PREJUÍZO

tentando dar conta de todo o trabalho importante que você não consegue fazer quando estou no escritório

10%

LENDO ATRAPALHADAMENTE UMA LÍNGUA

desconhecida no Google Translate ao telefone para um maître d'hôtel perplexo

9%

FAZENDO RESERVAS DE RESTAURANTE PARA MIM,

e cancelando-as quando eu decidir pedir o serviço de quarto no hotel

O QUE VOCÊ ESTARÁ FAZENDO ENQUANTO EU ESTIVER DE FÉRIAS

Analisando por partes...

14%

PASSEANDO E TIRANDO UMA SÉRIE DE FOTOS TERRÍVEIS

com uma câmera digital que custa mais do que você ganha em dois meses e que, depois, eu a obrigarei a passar horas editando no Photoshop para eu poder postar as melhores num álbum do Facebook casualmente intitulado, "umas fotos das minhas férias LOL".

20%

CORRENDO ATRÁS DO PREJUÍZO

de todas as horas que não dormi desde as minhas últimas férias dois anos atrás

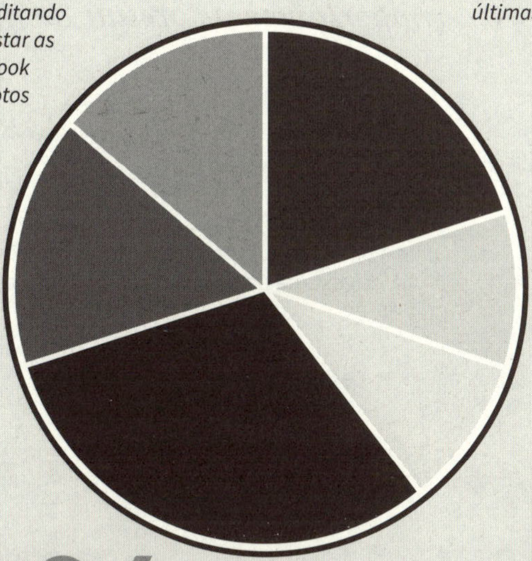

10%

RECLAMANDO

do atendimento/comida/roupas de cama e banho/iluminação/tapetes/preço de tudo no meu hotel cinco estrelas

16%

FAZENDO LIGAÇÕES À BEIRA DA PISCINA,

porque não sei mais como relaxar

9%

COMENDO E BEBENDO

tudo o que não me permito comer e beber normalmente

31%

CHECANDO COMPULSIVAMENTE OS E-MAILS NO MEU SMARTPHONE

a cada 5 minutos, enquanto tento escondê-lo da minha mulher

O QUE EU ESTAREI FAZENDO ENQUANTO ESTIVER DE FÉRIAS

Analisando por partes...

CHATS DO INFERNO:
RESERVANDO PASSAGENS AÉREAS

(importância de prestar atenção aos detalhes)

CHEFE: esses horários de voo que vc me enviou nao sao bons 11:15

ASSISTENTE: 11:16 Desculpe, você quer que eu veja em outra companhia aérea?
Você gostaria de partir em algum horário específico?

CHEFE: nao. por essa cia mesmo. e nao nesses horários. 11:17

ASSISTENTE: 11:18 Infelizmente, estes são os únicos voos diretos nesta data disponíveis nesta companhia.

CHEFE: vi na internet e tem mais 3 voos saindo nesse dia que vc nao me mandou!!! 11:26

CHEFE: 10h07, 12h40, 15h06 11:26

CHEFE: quero ir nesse das 15h06 11:26

CHEFE: nao sei pq eu sempre tenho que fazer o seu trabalho pra vc 11:27

11:28 Então tudo bem fazer escalas em Curitiba e Brasília? ASSISTENTE

CHEFE o q vc ta falando? 11:30

11:30 Os três voos que não enviei não são diretos. ASSISTENTE

11:35 Você ainda quer que eu reserve o voo das 15h06 com as duas escalas? ASSISTENTE

CHEFE reserva o direto das 16h15 e pára de encher meu saco 11:45

CHATS DO INFERNO: COMUNICAÇÃO COM O HOTEL

(desnecessariamente intrincada)

CHEFE: nao consigo achar o controle remoto da TV deste hotel idiota — 17:15

ASSISTENTE: Ah, oi! Vou pegar o número do concierge para você. — 17:16

CHEFE: nao, vc liga — 17:17

ASSISTENTE: Certo, só um momento. — 17:17

ASSISTENTE: Ele disse que o controle deve estar na gaveta à direita da sua cama. — 17:19

CHEFE: tem mais de uma gaveta à direita da minha cama — 17:20

ASSISTENTE: Só um momento. — 17:21

ASSISTENTE: Deve estar na gaveta de cima da mesinha de cabeceira bem à direita da sua cama. — 17:23

17:24 Está vendo? — ASSISTENTE

17:35 Alô? — ASSISTENTE

CHEFE — onde está o cardápio do serviço de quarto? 18:15

18:15 Certo. — ASSISTENTE

18:15 Só um momento. — ASSISTENTE

NAVEGAÇÃO

Se um dia eu chegar a tempo a uma reunião externa, foi por puro acaso

DISPOSITIVOS DE NAVEGAÇÃO

(escolhendo um, não todos)

Não vou exigir que você imprima um mapa do Google para mim a cada vez que eu sair do escritório e procurar o endereço do meu destino no meu GPS e, quando estiver dirigindo, ignorar esses dois recursos tecnológicos e obrigá-la a ir me falando a rota por telefone.

GPS *(necessidade do)*

Terei um no meu carro. Não há absolutamente qualquer razão para eu não ter um, especialmente se, depois de ter passado a minha vida toda na cidade em que moramos, eu ainda consigo me perder dentro de cinco blocos quadrados ao redor do nosso escritório.

SAÍDAS *(desconhecidas)*

Não vou chegar ao escritório às 10h30 furiosa porque você não fez para mim um mapa para a reunião externa, que você não sabia que eu faria naquela manhã.

MINHAS HABILIDADES DE NAVEGAÇÃO

(achando que tenho alguma)

Quando você está dirigindo e estamos indo a algum lugar que nunca fomos antes, não vou insistir que "não precisamos desta coisa", referindo-me ao seu GPS. Até eu nos levar, perdidas, a uma parte terrível da cidade e me justificar dizendo que "você dirige tão mal que eu me confundi".

FICANDO OFENDIDO *(desnecessariamente)*

Se tenho uma tendência a me perder, sei que tenho e você também sabe, eu ficarei grata, não ofendida, quando você me imprimir um mapa até para as minhas saídas mais básicas ou pegar no meu pé insistindo que eu saia um pouco antes para uma reunião importante.

HABILIDADES DE NAVEGAÇÃO IMPRESSIONANTES *(a distância)*

Quando estou em outra cidade, não vou ligar para você do meu carro alugado gritando que estou perdida, lhe dar o nome da última placa de rua que vi, esperar que você descubra exatamente onde estou e, quando você finalmente conseguir essa façanha, desligar na sua cara sem qualquer expressão de agradecimento.

ORIENTAÇÕES PARA CHEGAR À MINHA CASA *(omissões de)*

Quando você tiver de ir à minha casa, pela primeira vez, para regar as minhas plantas enquanto eu estiver viajando, não vou me esquecer de mencionar que a rua da minha casa não tem qualquer identificação, que é quase impossível de ver da avenida e que todos os mapas da internet e dispositivos de GPS tendem a dar indicações incorretas para o endereço.

PERGUNTAS SOBRE O CAMINHO *(desnecessárias)*

Quando você estiver me orientando pelo telefone, enquanto dirijo para uma reunião, e me diz para entrar à esquerda em uma determinada rua, não vou perguntar: "a minha esquerda ou a sua esquerda?" e surtar com você quando perco a saída, enquanto você tenta explicar (sem sucesso) que é a mesma coisa.

ERRO HUMANO *(resultados do)*

Não vou digitar o número errado do endereço no GPS do meu carro e culpá-la quando descubro que o local da minha reunião fica a 3km de onde eu estacionei.

CLAREZA *(beirando à obsessão)*

Não vou mandar que você imprima um mapa com a rota para ir ao restaurante onde vou almoçar, sabendo que fica em frente ao escritório, e acusá-la de "não ter deixado isso bem claro", quando eu tiver o dom de me perder.

GPS

(importância das configurações corretas)

Não vou insistir que o meu GPS está "quebrado" e obrigá-la a ir até a minha casa para dar uma olhada, só para descobrir que eu o configurei para escolher automaticamente um estado que fica a mil quilômetros de distância.

ATALHOS *(o contrário dos)*

Quando você está dirigindo, não vou teimar para você pegar "o meu atalho secreto", que, em vez de encurtar a nossa viagem, a obriga a passar 40 minutos adicionais no carro comigo devido ao trânsito que pegamos no caminho e que eu ainda insisto que é "muito melhor do que a sua sugestão".

CÓDIGOS POSTAIS

(importância dos)

Quando duas ruas têm o mesmo nome mas CEPs diferentes, não vou confirmar que quero ir à rua do primeiro CEP e depois culpá-la, quando eu perceber que me enganei.

MAPAS DO IPHONE

(usando a internet)

Quando estiver fora do país, não vou omitir que estou usando o meu smartphone como um dispositivo de navegação, e não os mapas que você fez para mim, e ficar indignada quando eu receber a conta cobrando os olhos da cara pela utilização da internet em roaming internacional (o que você teria me avisado que aconteceria se eu tivesse dito que estava usando o smartphone).

ORIENTAÇÕES

(impossivelmente específicas)

Quando você me entregar um mapa mostrando como chegar em uma reunião, não vou perguntar por que não há orientações para transitar dentro do prédio, como se você já não tivesse feito centenas de mapas para mim antes, sendo que todos me orientavam até a entrada do prédio, já que você confia que sou capaz de encontrar o caminho até a sala da reunião.

VISUALIZAÇÃO REMOTA

(impossibilidade de)

Depois de passar 30 minutos ao telefone com alguém, enquanto dirijo a um lugar aonde nunca fui antes, não vou desligar, ligar para você, perguntar "onde eu estou?" e esperar uma resposta imediata e precisa. Vou admitir que você não tem como rastrear a minha localização em tempo real a partir do seu cubículo.

GPS *(funções vitais do)*

Quando você finalmente me convencer a comprar um GPS para o meu carro, me ajudar a escolher o melhor modelo e configurá-lo de modo que até o meu filho de 7 anos seria capaz de entender, não vou ligar para você do meu carro dizendo que estou completamente perdida, porque "a voz desta coisa estava me dando nos nervos e eu desliguei".

NOVA YORK

(crenças infundadas sobre)

Quando eu estiver em uma viagem de negócios em Nova York, não vou insistir para você "só me dar as ruas transversais, porque eu conheço esta cidade como a palma da minha mão", e depois culpá-la quando eu passar a maior parte do tempo completamente perdida, porque, ao que se revela, não faço ideia de como é a palma da minha mão.

GPS DO CARRO DA LOCADORA

(o baixo custo de ter, o alto custo de não ter)

Vou aceitar de bom grado um adicional de R$ 10,00 para incluir um GPS no meu carro alugado, enquanto estou em uma viagem de negócios em uma cidade que não conheço, em vez de obrigá-la a me mandar por e-mail orientações para chegar a todos os lugares aos quais preciso ir e depois culpá-la quando eu errar uma entrada e acabar num bairro perigoso da cidade.

ROTAS ALTERNATIVAS

(péssimas sugestões)

Não vou sugerir um novo caminho para você ir ao trabalho, insistindo que "você vai levar a metade do tempo que o normal, pode me agradecer amanhã" e surtar quando você aparecer no trabalho 20 minutos atrasada no dia seguinte porque aceitou a minha sugestão. (Pensando bem, no fundo a culpa é sua mesmo. A essa altura você já deveria estar mais esperta.)

ENCONTRANDO-ME
(soluções inventadas que não deveriam ser necessárias)

Não vou ficar tão perdida na cidade onde morei nos últimos vinte anos, a ponto de você ter de recorrer à função "Encontrar telefone" do meu celular para descobrir onde estou e como posso chegar ao meu destino.

ORIENTAÇÕES *(terminologia básica)*

Quando você estiver me dando indicações ao telefone e usar termos simples como "em frente", "à direita", "à esquerda" para tentar me indicar o caminho certo, não vou reclamar declarando que "não sei o que você quer dizer com isso".

PONTOS DE REFERÊNCIA
(inúteis)

Quando eu estiver perdida e você me perguntar se consigo ver algum nome de rua ou ponto de referência que poderia ajudá-la a descobrir onde estou, não vou citar coisas como "lanchonete", "cafeteria", "Rua João alguma coisa" ou "aquele bar que fui uma vez, mas não gostei".

DISTRAÇÕES *(solicitadas)*

Não vou culpá-la por me distrair e me fazer perder uma saída na estrada quando você só estava transferindo ligações para o meu celular, o que era exatamente o que mandei você fazer.

PREPARAÇÃO *(injustificada)*

Não vou insistir para você me dar mapas impressos uma hora antes de eu sair para uma reunião externa, dar uma olhada neles, deixá-los, distraidamente, numa pilha de papéis na minha mesa e me esquecer de levá-los comigo.

DIRIGINDO NO PILOTO AUTOMÁTICO
(e culpando você por isso)

Não vou me "desligar" enquanto estiver dirigindo para uma reunião, acordar na rua da minha casa em vez do local da reunião e, com vergonha de revelar o que fiz a você ou à pessoa com quem eu deveria me encontrar, convencer de que você me deu orientações para o restaurante errado, forçá-la a pedir desculpas para mim e para a pessoa que eu deveria encontrar e ainda passar a noite em claro se perguntando se você está ficando louca.

MULTAS DE TRÂNSITO

(tentativas de evitar pagar)

Quando recebo uma multa por dirigir na mão errada em uma rua de mão única, não vou tentar convencê-la de que você deveria pagar a multa "porque foi você que me deu as orientações", que obviamente não segui.

PONTUALIDADE

(ao que tudo indica, algo a ser evitado)

Não vou rodar a baiana quando você estimar com exatidão, o tempo que eu levaria para ir a uma reunião externa para eu chegar exatamente 5 minutos antes e teimar que "eu fiquei parecendo uma executiva júnior que não tem mais nada para fazer!"

SISTEMAS DE NAVEGAÇÃO

(novos e complicados X antigos e simples)

Quando eu comprar um smartphone novo, não vou recusar os mapas impressos que você tenta me entregar, insistindo que "não preciso mais disso". E, 15 minutos depois, ligar para você do meu smartphone novo para reclamar que "não sei como este troço funciona" e pedir indicações, passo a passo, para o meu destino.

ME SEGUINDO DE CARRO

(possivelmente levando à sua morte)

Se eu não conseguir lembrar o bairro, o endereço e nem o nome das ruas transversais de um lugar que nós duas precisamos ir, cada um com o seu carro, não vou sugerir que "você pode me seguir até lá". Com isso, simular uma perseguição em alta velocidade por toda a cidade, obrigando-a a furar incontáveis faróis vermelhos e dirigir alucinadamente em zigue-zague e, quando finalmente chegarmos ao destino e estacionarmos, sair do meu carro e, ao ver o seu rosto pálido e suas pernas trêmulas, exclamar "ah! EU tinha esquecido que você estava me seguindo!"

O MAPA QUE VOCÊ FEZ PARA MIM

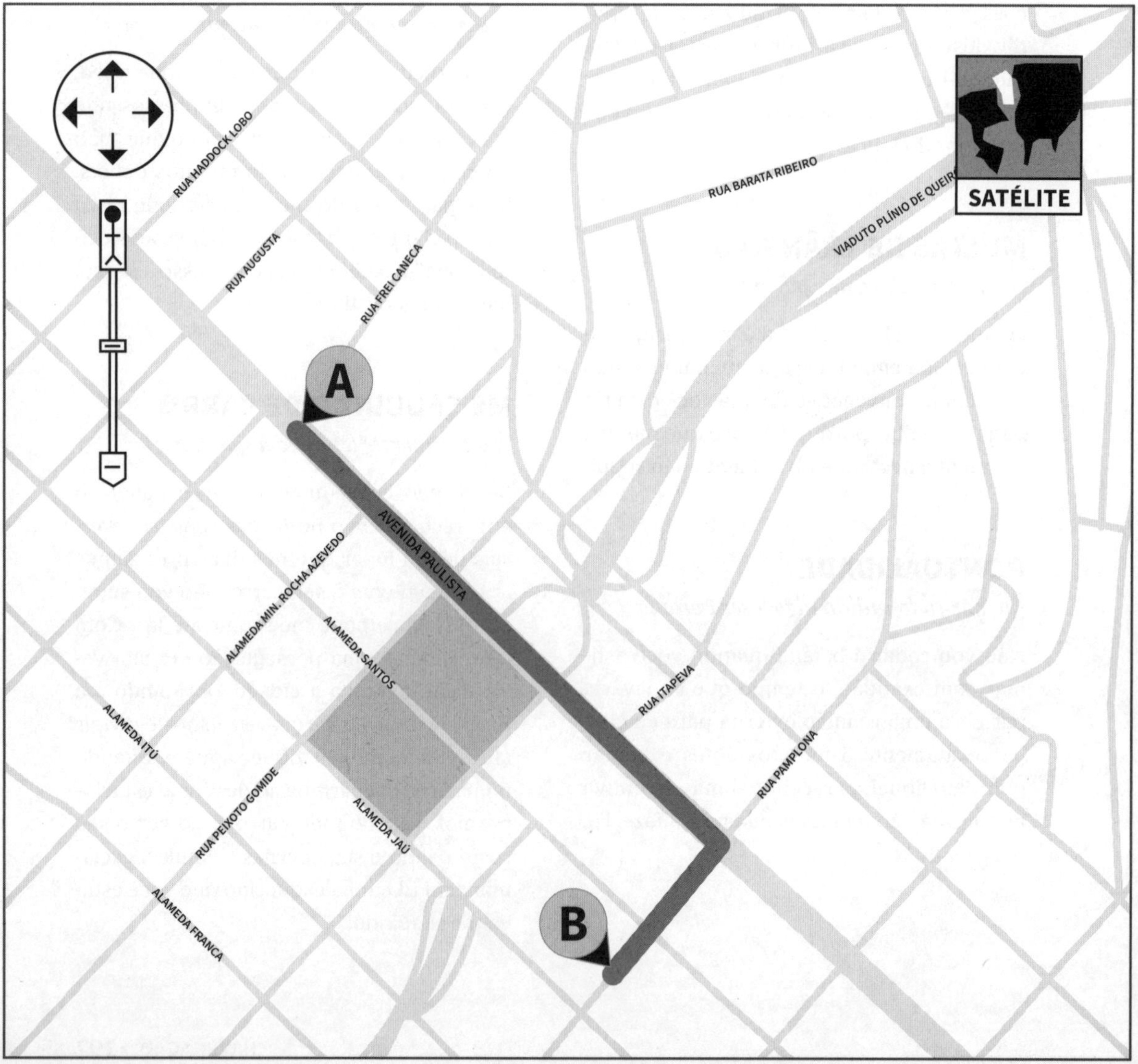

COMO EU INTERPRETEI O MAPA, CHEGANDO 20 MINUTOS ATRASADA PARA A REUNIÃO E DANDO UM JEITO DE CULPAR VOCÊ

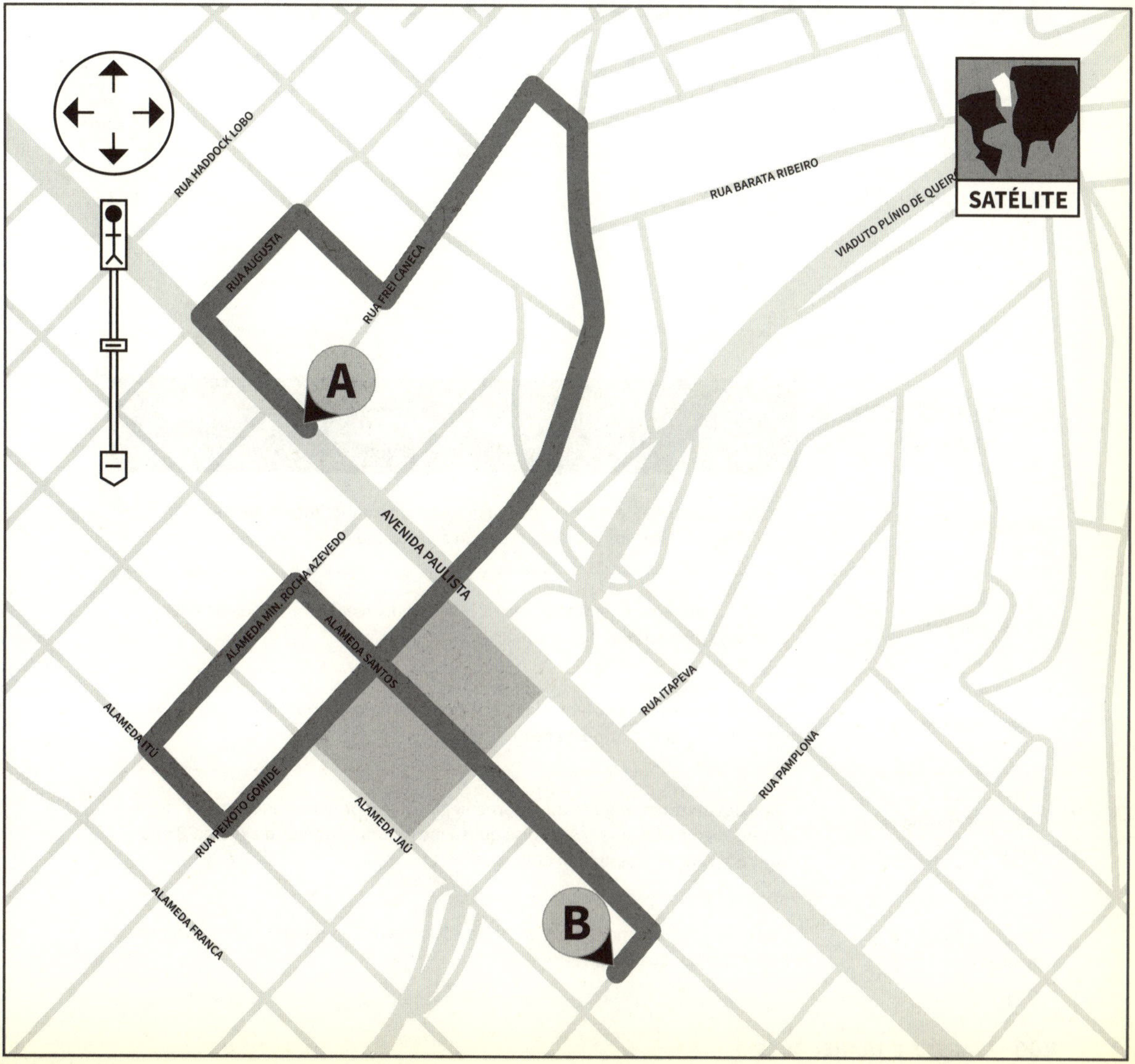

EXPECTATIVAS X REALIDADE
COMO EU SIGO AS INSTRUÇÕES

(depois de acusar você de não ser capaz de fazer o mesmo, pelo menos uma vez por dia)

INSTRUÇÕES DO MEU GPS	O QUE EU FAÇO
"Vire à direita"	Paro completamente no meio da rua e passo um minuto inteiro tentando descobrir se devo virar à direita nesta ou na próxima rua
"Vire à esquerda"	Dou uma guinada repentina e corto três pistas da avenida, antes de perceber que eu só preciso virar na próxima rua
"Siga nesta rua por 2,5km"	Me distrair com minhas fantasias e acordar entrando em uma rodovia que "veio do nada", na direção oposta de onde preciso ir
"Faça um retorno assim que possível"	Faço descontroladamente um retorno ilegal, quase provocando um acidente, e depois digo a você que "essa coisa quase me matou", enquanto agito o GPS na sua cara como se fosse tudo culpa sua
"Você chegou ao seu destino"	Continuo dirigindo por pelo menos mais 1km até o GPS me dizer para "fazer um retorno assim que possível"

14%

EU LHE DEI O ENDEREÇO ERRADO

e insisti que era o endereço correto, mesmo quando você veio checar comigo

26%

NÃO PRESTEI ATENÇÃO

quando você me explicou um trecho confuso do itinerário

10%

RECUSEI O MAPA QUE VOCÊ ME OFERECEU,

teimando que sabia chegar lá

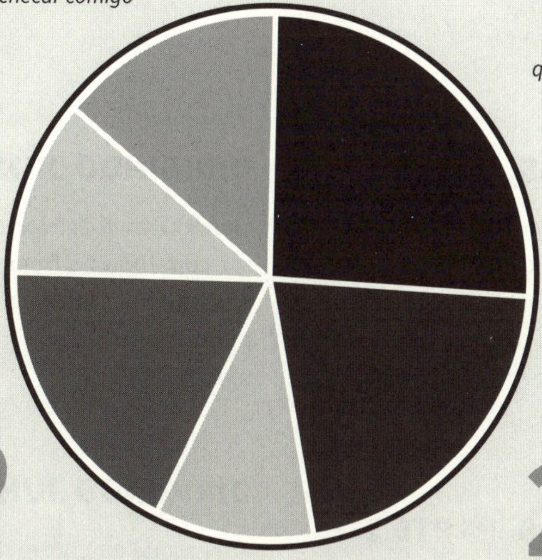

18%

ME DISTRAÍ CONVERSANDO

com um colega ao telefone e fiz cinco conversões erradas

21%

DEIXEI O MAPA DETALHADO

que você imprimiu para mim, na minha mesa

11%

EU TENHO UM MAPA, UM GPS E VOCÊ AO TELEFONE ME DANDO AS INSTRUÇÕES PASSO A PASSO,

mas a verdade é que sou péssima motorista

RAZÕES PELAS QUAIS ESTOU PERDIDA

Analisando por partes...

TRANSPORTE

Do ponto A ao ponto B, do jeito mais difícil possível

DIRIGINDO JUNTAS, PARTE 1

Se você tiver o azar de precisar me levar de carro a algum lugar, não vou esbravejar e lançar um olhar de censura a cada vez que passarmos por trilhos de trem ou por um trecho irregular da estrada, como se as sacudidelas fossem culpa sua.

DIRIGINDO JUNTAS, PARTE 2

Quando você estiver ao volante e estivermos paradas em um sinal vermelho, não vou me inclinar para poder enxergar o semáforo e berrar "VERDE!!!" assim que o farol abrir, dando uma brecha para o meu passatempo favorito: acusá-la de não estar prestando atenção.

DIRIGINDO JUNTAS, PARTE 3

Quando você estiver dirigindo, não vou pisar com tudo no freio imaginário no lado do passageiro a cada 5 minutos, por achar, inexplicavelmente, que você vai bater em alguém toda hora.

DIRIGINDO JUNTAS, PARTE 4

Assim que eu entrar no seu carro para você me levar a algum lugar, não vou ligar o ar-condicionado no máximo e insistir em deixá-lo assim durante todo o percurso de 30 minutos, levando-a a achar que vai morrer de frio no próprio carro antes de chegarmos ao nosso destino.

VERGONHA

(sentindo um pouco, mas não o suficiente)

Não vou obrigá-la a me levar ao médico e insistir que você espere no carro enquanto faço a consulta porque tenho vergonha de usá-la como minha motorista, mas não o suficiente para deixar de fazer isso.

QUILÔMETROS RODADOS

(aprovação dos)

Quando você me entregar o seu relatório de despesas de quilômetros rodados, não vou riscar todos os quilômetros que você usou para fazer tarefas pessoais para mim, explicar que "a contabilidade não vai deixar esse tipo de coisa passar" e não me oferecer para pagar o combustível do meu próprio bolso.

DINHEIRO *(levando)*

Levarei dinheiro no meu carro, bolsos ou bolsa para pagar o estacionamento. Não vou ligar histérica para você no meio de uma consulta com o meu dermatologista da moda, para obrigá-la a dirigir 10km no trânsito pesado só para pagar o estacionamento para mim, com o seu próprio dinheiro.

MEU CARRO *(comprando)*

Não vou obrigá-la a negociar o preço de um novo carro de luxo que quero comprar e gritar obscenidades para você, insultando a sua competência como uma assistente, porque o preço que você conseguiu ainda ficou R$ 200,00 acima do que eu queria pagar.

SEU CARRO *(pegando emprestado)*

Se por algum motivo eu estiver sem o meu carro, não vou pedir para emprestar o seu por uma hora mais ou menos e devolvê-lo com o tanque vazio (e com a luz acesa no painel, indicando claramente isso), sem dizer uma palavra sobre a possibilidade de pagar pelo volume inexplicavelmente enorme de combustível que consegui usar em tão pouco tempo.

SEU CARRO *(insultos nada sutis)*

Não vou pedir o seu carro emprestado enquanto o meu está na oficina e, ao ver que o seu carro apesar de limpo e bem cuidado, é também um modelo popular de dez anos, devolver as chaves dizendo "pensando bem, um táxi não vai sair tão caro assim".

EXIGÊNCIAS

(passando sal nas suas feridas)

Quando acontecer acidente de carro e você for forçada a passar uma semana pegando ônibus para ir ao trabalho, já que você não tem como pagar a locação de carro, não vou transformar a sua vida num inferno ainda maior exigindo que você passe na minha lanchonete favorita para me trazer um suco natural, acrescentando uma hora ao seu tempo de transporte já nada agradável.

COMO DESTRUIR A SUA EMBREAGEM

(em apenas uma semana!)

Quando descubro que o seu carro tem câmbio manual, não vou insistir para você ensinar meu filho adolescente a dirigir.

HABILIDADES *(que poupam tempo, mas não são permitidas)*

Quando a bateria do meu carro acabar na garagem do escritório, não vou recusar suas ofertas de fazer uma "chupeta" porque "é melhor você não explodir nada hoje", e forçá-la a passar o seu horário de almoço esperando o técnico da seguradora chegar para fazer algo que você poderia ter feito em 5 minutos.

COMBUSTÍVEL

(algo que sou capaz de comprar sozinho)

Não vou obrigá-la a encher o tanque do meu carro na sua hora de almoço, porque me considero importante demais para fazer isso eu mesma.

CRIANÇAS

(efeitos no interior dos automóveis)

Se as suas responsabilidades incluírem levar meus filhos à escola e/ou atividades extracurriculares, pagarei para lavar regularmente o seu carro em vez de tirar sarro de toda a comida, bebida, lama e marcas de mãos sujas que passaram a ser uma presença, quase constante, no seu carro.

PÃO-DURA *(tentativas flagrantes de fingir que não sou)*

Quando você me levar a algum lugar que tem estacionamento com manobrista, eu pagarei pelo estacionamento. Não vou fingir que estou concentrada no meu celular no exato momento em que o manobrista informar o preço para você, numa tentativa flagrante de evitar pagar R$ 15,00.

ESTACIONAMENTO COM MANOBRISTA *(fazendo as contas)*

Não vou pedir constantemente para você me emprestar dinheiro trocado para pagar o serviço de manobrista nos restaurantes onde almoço, me esquecer de devolver o dinheiro e me fazer de chocada quando você me lembra educamente que lhe devo R$ 160,00, exclamando que "não pode ser tudo isso!" e levando mais de duas semanas para pagar. Eu vou admitir que R$ 160,00 fazem muito mais diferença no seu orçamento do que no meu.

PRATICIDADE *(levando ao extremo)*

Não vou esperar que você mantenha uma cópia das chaves dos meus quatro carros de luxo (que, juntas em um chaveiro, pesam cerca de meio quilo e são do tamanho da cabeça de um bebê) e fique disponível 24 horas por dia, 7 dias por semana, para trazê-las para mim quando eu não conseguir encontrar as minhas chaves. Algo que acontece o tempo todo porque sou incapaz de me concentrar por mais de 30 segundos para procurá-las sem me distrair com outra coisa.

LAVANDO O MEU CARRO *(emboscadas)*

Não vou mandar você levar o meu carro para um lava-rápido específico só para descobrir que é um daqueles lugares do tipo "faça você mesmo" e esperar que você lave o meu carro com as próprias mãos, obrigando-a a trabalhar o resto do dia de roupas molhadas só para eu poupar alguns trocados.

SUGESTÕES *(impossíveis)*

Depois que eu comprar um carro de luxo para o aniversário de 18 anos do meu filho, não vou ficar me gabando de como o carro é excelente, dizendo que você também deveria comprar um e me fazer de ofendida quando você responder que adoraria, mas simplesmente não tem condições de pagar um carro desses, perguntando, indignada, se "isso é algum tipo de indireta para sugerir que estou mimando o meu filho ou alguma coisa assim?"

SUAS HABILIDADES AO VOLANTE *(menosprezando as)*

Quando precisar que você leve o meu carro a algum lugar, não vou insistir que você dê uma volta pelo quarteirão, comigo no banco do passageiro, "só para ver se você dá conta do recado", apesar de eu ter tido mais acidentes de carro no ano passado do que você teve em toda a sua vida.

ESTACIONAMENTO IRREGULAR *(bem ciente de)*

Quando eu estiver atrasada para uma reunião, não vou estacionar o meu carro na vaga de carga e descarga atrás do nosso escritório, omitir essa informação de você, culpá-la quando eu receber uma multa por estacionamento irregular e ameaçar tirar o valor do seu salário.

MULTA POR ESTACIONAMENTO IRREGULAR *(incapacidade de prever)*

Não vou obrigá-la a deixar o seu carro em fila dupla insistindo que "é impossível você pegar uma multa em 5 minutos!" e nem me oferecer para pagar quando você de fato receber uma multa por estacionamento irregular mais ou menos no valor que você ganha em um dia inteiro de trabalho.

CONFIANÇA *(destruição da)*

Não vou tirar sarro de você por hesitar em dirigir meu carro esportivo vintage de cinquenta anos, ao qual eu me refiro usando termos mais carinhosos do que uso para me referir ao meu marido e, assim que você pegar as chaves, ameaçar processá-la se você ousar devolver o carro com algum arranhão, reduzindo a quase zero tanto a sua confiança quanto as suas habilidades ao volante.

ARRANHÕES *(aparições misteriosas de)*

Não vou pegar o seu carro emprestado por uma hora e devolvê-lo com um arranhão gigante no para-choque, insistindo que "já estava lá antes" (não estava).

Princípios *(confusos)* Não vou obrigá-la a dirigir 30km no seu horário de almoço (a única hora semifeliz de todo o seu dia) para encher o tanque do meu carro no posto com os preços mais baixos de combustível da cidade, insistindo que é "uma questão de princípio", embora você já tenha calculado que isso tudo me poupará um total de R$ 3,00 e o posto de gasolina fica no meu caminho de volta para casa.

CARROS ECONÔMICOS

(opiniões diferentes sobre)

Se eu mandar você fazer uma lista de "carros bons, econômicos e não pomposos demais" porque quero trocar o meu carro de luxo de dois anos, e você me apresentar uma lista que inclui carros híbridos, mas nenhum carro mais luxuoso que o meu, não vou rasgar a lista na sua frente com cara de nojo dizendo que "era para ser uma lista de carros para mim, não para você" e acabar comprando um utilitário parecido com o meu novinho em folha.

HABILIDADES DE MANUTENÇÃO *(dando valor às suas)*

Quando você se oferece para fazer o meu carro pegar no tranco ou trocar um pneu furado para mim, vou reagir com uma gratidão sincera por você estar me poupando tempo e dinheiro em vez de suspeitar que você planeja sabotar o meu carro.

SISTEMAS BLUETOOTH

(eliminando a eficiência dos)

Se eu tiver um sistema Bluetooth no meu carro que conecta o meu celular aos alto-falantes, para eu poder fazer ligações sem usar um fone de ouvido, vou me dar ao trabalho de aprender a usá-lo corretamente em vez de obrigar você a descer para a garagem comigo toda vez que eu sair do escritório para configurar o sistema, o que, dependendo do número de reuniões externas que eu tiver, pode acontecer até seis vezes em um único dia ou levar quase uma hora de caminhada até a garagem para fazer algo que uma criança de 8 anos seria capaz de aprender em 15 minutos.

SUGESTÕES *(desrespeitosas)*

Depois de dar uma olhada no seu carro velho, porém com tudo em ordem, não vou sugerir que você compre um novo, porque "a aparência é tudo e um pequeno investimento no modo como você se apresenta às pessoas é meio caminho andado", ignorando o fato de que não lhe pago o suficiente para investir nem em uma bicicleta nova, quanto menos em um carro.

ACIDENTES *(lugar errado, hora errada, chefe errada)*

Quando alguém sem seguro bater na traseira do seu carro enquanto você está fora do escritório fazendo uma tarefa pessoal para mim, vou me oferecer para ajudá-la a pagar o conserto do seu carro em vez de me limitar a dizer "Que droga. Você comprou [a coisa que eu mandei você comprar para mim]?"

FAVORES *(recebidos com ingratidão)*

Não vou mandar você fazer o teste on-line de regras de trânsito em nome do meu filho para ele poder cancelar uma multa por excesso de velocidade (recebida enquanto ele dirigia o próprio carro esportivo vermelho novinho em folha), mas gritar com você quando o vejo fazendo isso no trabalho. Então isso implica que você deveria estar fazendo esse favor para mim nas suas horas vagas, sem remuneração, apesar de você estar poupando à minha família mais de R$ 1.000,00 por ano no valor do seguro por me ajudar. Além disso, ao deixar alguém fazer o trabalho pelo meu filho, estou privando ele de uma valiosa experiência de aprendizagem, pois tanto a preguiça quanto o espírito de manipulação correm nas veias da minha família.

DESCULPAS *(flagrantes)*

Não vou comprar para o meu filho de 18 anos um carro que custa dez vezes o seu salário anual e teimar que "o meu filho não é mimado, comprei esse carro porque era o mais seguro".

CULPA *(boa tentativa)*

Não vou acusá-la de arranhar o meu carro quando você o deixou na garagem do escritório depois de encher o tanque, e retirar a acusação quando você sugerir dar uma olhada nos vídeos de segurança, já que sei que as imagens vão mostrar a mim, e não você, raspando a lateral do meu carro num pilar de concreto.

ESTACIONAMENTO *(reembolso ressentido)*

Quando você precisar fazer alguma tarefa externa envolvendo um estacionamento pago, reembolsarei o valor do estacionamento, mesmo que sejam apenas R$ 5,00, em vez de acusá-la de ser "mão de vaca" quando você me pedir o reembolso e jogar o valor em moedas na sua direção quando você estiver sentada à sua mesa, obrigando-a a pegar o dinheiro do chão na frente de todo o escritório.

SITUAÇÕES DE TRANSPORTE *(completamente imprevisíveis)*

Quando o motorista de um serviço de transporte VIP perfeitamente respeitável é parado pela polícia ao me levar para casa do aeroporto e acabar sendo detido por não pagar a pensão alimentícia dos filhos, obrigando-me a pegar um táxi para concluir o trajeto, não vou ligar para você do táxi enfurecida porque você não reservou o serviço de transporte em uma empresa "menos duvidosa", apesar de eu sempre ter usado essa empresa, nunca ter tido um problema com eles antes e ter lhe mandado especificamente pedir o mesmo motorista que usei na minha última viagem.

TAXISTAS *(também são pessoas)*

Não vou ligar para você do táxi que você enviou para me pegar em um bar onde tomei todas perguntando, histérica, "por que é que você fez questão de escolher este taxista esquisito?", como se você tivesse como escolher e o taxista não conseguisse ouvir o que estou falando.

CARROS NOVOS *(implicações claras)*

Quando você finalmente poupar dinheiro suficiente para trocar o seu calhambeque de 15 anos por um carro novo, não vou sugerir, irônica, que isso é um sinal de que estou pagando demais para você, apesar da minha insistência, desde a primeira semana em que você começou a trabalhar para mim, de que "você precisa arranjar um carro melhor".

ORGULHO DA FACULDADE *(ridicularizando)*

Quando vejo que você tem um adesivo de sua faculdade no seu carro popular, não vou apontar para ele, dar uma risada debochada e dizer "essa faculdade fez mesmo maravilhas para você".

CUMPRIMENTOS *(perigosamente inconvenientes)*

Se eu a vir dirigindo seu carro no fim de semana, não vou tentar dirigir ao seu lado, chamar a sua atenção tocando a buzina e gritando pela janela, chegar perigosamente perto do seu carro, tudo para eu poder surpreendê-la e dizer um "oi", algo que eu tentaria evitar se topasse com você andando na rua.

CARROS GRANDES

(a razão de tê-los)

Não vou obrigá-la a tentar enfiar aquela estante pequena, mas não tão pequena, que preciso levar à minha casa no seu carro popular compacto, quando todo mundo sabe que a estante caberia facilmente no porta-malas do meu utilitário gigante, só porque "não quero estragar o estofamento".

PÉSSIMA MOTORISTA

(sentindo-me como uma X ser uma)

Ao dirigir meu carro, não vou fazer curvas tão abruptas que você é forçada a agarrar a alça de teto do passageiro para evitar ser esmagada contra a janela ou ser jogada no meu colo e, quando voltarmos a um trajeto de linha reta, perguntar se "isso é uma indireta para sugerir que eu não dirijo bem ou algo assim".

ÓCULOS DE SOL

(necessidade X luxo)

Quando você estiver me levando de carro a algum lugar no meio do dia e eu deixar os meus óculos de sol no escritório, não vou pedir para usar o seu em um tom ameaçador, de modo que você é forçada a dirigir com os olhos semicerrados com o sol na cara enquanto relaxo no banco do passageiro e curto o passeio, sugerindo ocasionalmente que você "pise no acelerador e pare de dirigir como a minha avó".

FAZENDO INIMIGOS *(em seu nome)*

Quando você estiver me levando de carro e alguém entrar na sua frente, não vou fazer questão de mostrar o dedo para o outro carro e gritar obscenidades pela janela, mesmo depois de ficar claro que a motorista é uma senhorinha distraída.

CONDUÇÃO SEGURA *(sempre é mais importante que a pontualidade, não importa o que acho)*

Não vou ligar para você no celular quando sei que você está a caminho do escritório, obrigá-la a encostar o carro para atender com segurança, passar uns bons 20 minutos tagarelando uma lista de coisas que preciso que você faça e que não tive paciência de digitar em um e-mail, forçá-la a anotar freneticamente todos os itens para se lembrar deles mais tarde e rodar a baiana quando você chega 15 minutos atrasada ao trabalho, insistindo que você deveria estar "equipada" para atender as minhas ligações a qualquer hora do dia, o que, pelo que tudo indica, significa que esse "equipamento" deve ser um carro que dirige sozinho.

ESTEPES *(esquecimento)*

Não vou mandar você me encontrar a 15km do escritório para trocar um pneu para mim porque o seguro do meu carro expirou (é claro que vou tentar culpar você por isso), só para você chegar e encontrar um espaço vazio no meu porta-malas, onde o pneu sobressalente deveria estar, porque meu pneu furou no ano passado e me esqueci de substituir o estepe, e obrigá-la a colocar o seu próprio estepe no meu carro, em vez de esperar 20 minutos para que um técnico da minha concessionária chegue com outro pneu, "porque tenho de ir ao escritório para aquela reunião importante" (que você sabe muito bem que é mentira, já que você conhece a minha agenda melhor do que eu).

BEBENDO TODAS *(encarando as consequências como um adulto)*

Quando deixo o meu carro na frente de um bar porque estava bêbada demais para dirigir para casa e o carro for guinchado e levado a um pátio da prefeitura a uns 30km fora da cidade, vou pegar um táxi até lá e pegar eu mesma o carro, em vez de ligar para você no domingo de manhãzinha mandando "arranjar um amigo" para ajudá-la a pegar meu carro para mim.

TÁXIS
(que aparentemente só levam um passageiro)

Não vou me recusar descaradamente a dividir um táxi com você, sem ao menos me dar ao trabalho de inventar uma desculpa, apesar de nós duas estarmos indo ao mesmo lugar e saindo do escritório ao mesmo tempo.

O QUE O MEU CARRO DIZ SOBRE MIM

(é muito mais do que você pensa)

MEU CARRO	EU
Utilitário de luxo	Só quero ser igual a todas as minhas amigas ricas e chatas que têm carros de marcas e cores diferentes do meu, mas quase indistinguíveis uns dos outros em termos de formato
Híbrido	Sou uma pessoa responsável e ambientalmente consciente ou, mais provavelmente, só quero que as pessoas pensem que sou tudo isso
Carro esportivo chamativo	Tudo o que eu quero da vida é que as pessoas pensem que sou incrível o tempo todo, até quando estou dirigindo para o trabalho

MEU CARRO	EU
Algum carro gigantesco que usa, por ano, de combustível o equivalente ao PIB de um pequeno país	Posso estar vivendo a minha vida como uma executiva endinheirada, mas, por dentro, acho que deveria estrelar um reality show
Van de luxo	Tenho filhos, mas ainda tento ostentar o meu status como uma pessoa moderna e importante pela marca do meu carro, apesar de ninguém nunca ter olhado para uma van e pensado "uau! Que carro da hora". Um fato do qual, no fundo, estou ciente, mas que jamais admitirei para mim mesma, o que me leva a me ressentir ainda mais dos meus filhos por destruir a minha vida
O modelo mais barato de uma marca de luxo	Só me importo com as aparências, não com a qualidade, caso contrário eu teria um carro muito mais barato que duraria duas vezes mais
Um carro normal que pessoas normais dirigem	Sou uma pessoa normal. Brincadeirinha! Devo uma fortuna a alguém que viria atrás de mim se descobrisse que gastei mais do que deveria em um carro. Se não fosse por isso, é claro que eu teria outro carro

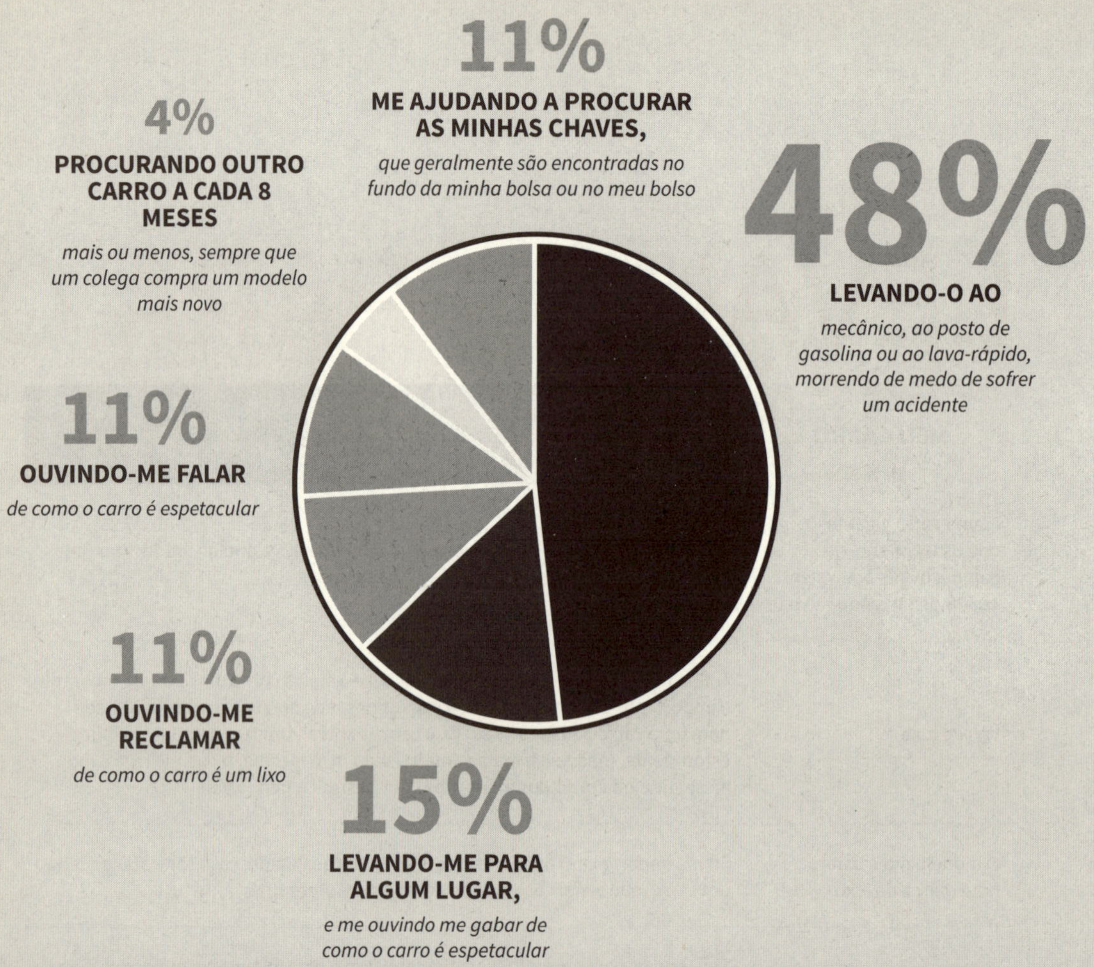

AS SUAS INTERAÇÕES COM O MEU CARRO

Analisando por partes...

5.

LEVANDO PARA O LADO PESSOAL

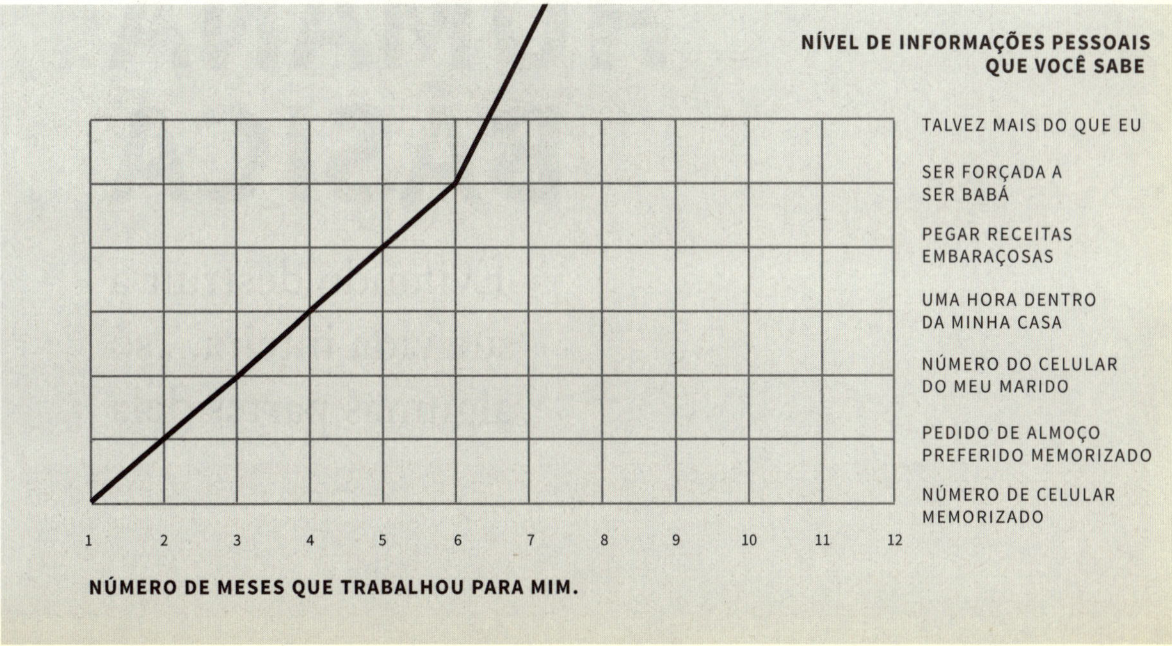

DECÊNCIA HUMANA BÁSICA

Evitando destruir a sua vida inteira... só algumas partes dela

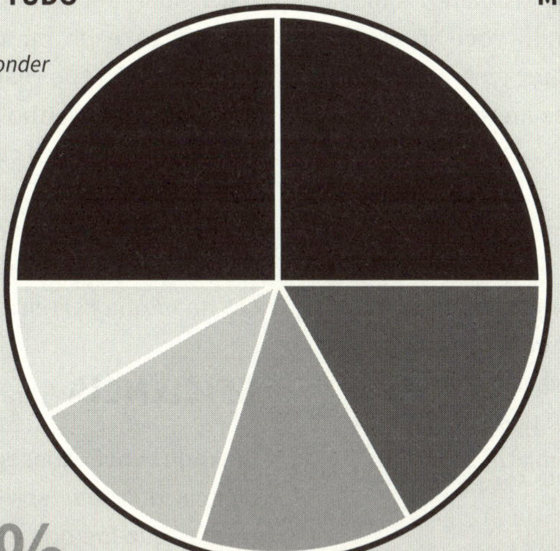

CONVERSAS ENTRE NÓS QUE NÃO SÃO SOBRE O TRABALHO

Analisando por partes...

AMARGOR *(causa e efeito)*

Não vou chamar você, em tom solene, para vir à minha sala, mandá-la fechar a porta e explicar que vou substituí-la por alguém "mais empolgada com o trabalho, sabe? Menos sem graça", quando você só virou uma pessoa "sem graça" por ter trabalhado para mim nos últimos dois anos.

EXCLUSÃO *(para fins de retaliação)*

Não vou rir e brincar com as outras assistentes durante a nossa reunião de equipe semanal, mas, assim que você abrir a boca para participar, lhe lançar um olhar gélido de puro desdém, tudo porque você pôs adoçante demais no meu café hoje de manhã.

TRAIÇÕES *(estrondosas)*

Depois que concordarmos que o nosso trabalho juntas não beneficia nenhuma de nós e eu ouvir, de intrometida, você explicando ao diretor financeiro da empresa que vai pedir o auxílio-desemprego quando sair da empresa, não vou exclamar "vai pedir ajuda do governo! Foi você que quis sair!" para todo o escritório ouvir.

MENTORING *(proporcionando)*

Se, depois de um ano obrigando-a a trabalhar feito uma animal como minha assistente, você me pergunta se eu tenho um tempinho para falar sobre a possibilidade de uma promoção e se eu teria algum conselho para dar, não vou reagir revirando os olhos e dizendo "não tenho tempo para isso. Você precisa encontrar o caminho das pedras sozinha, como eu fiz", apesar de todo mundo saber que o meu primeiro chefe foi quase um pai para mim e me orientou desde o início da minha carreira.

EFICIÊNCIA *(incentivos)*

Quando você conseguir aumentar a eficiência do meu escritório e fazer todas as tarefas que lhe dou em um tempo razoável, não vou recompensá-la diminuindo as suas horas de trabalho e, portanto, reduzindo consideravelmente o seu salário.

SUA SUBSTITUTA *(providenciando)*

Não vou anunciar uma vaga para substituí-la antes de informá-la que você será substituída. Se as coisas desandarem a esse ponto, eu deveria saber que você provavelmente já está de olho nas ofertas de emprego e imediatamente verá que a sua própria vaga está sendo anunciada.

SEU FUTURO *(um vislumbre do)*

Quando eu mandar você remarcar um determinado almoço pela quinta vez em dois meses, não vou tentar me justificar dizendo "[o Fulana] foi minha assistente, então não é tão importante assim".

PERGUNTAS ATENCIOSAS *(fingidas)*

Não vou perguntar se você tem planos para a sexta à noite e, quando você responder que vai jantar com um velho amigo que não via há um bom tempo, dizer: "que pena, porque você vai ter de ficar até mais tarde no escritório".

ANIVERSÁRIOS *(seus)*

Se nunca levantei um dedo para descobrir a data do seu aniversário, não vou armar um barraco por "você me fazer parecer um estraga prazeres" quando eu chegar ao escritório e encontrá-la sentada feliz da vida à sua mesa repleta de presentes e cartões de aniversário de pessoas que realmente se importam com você.

ESPAÇO PESSOAL *(respeitando o seu)*

Não vou chegar furtivamente atrás de você quando você estiver dando duro no trabalho e começar tirar cabelos da sua blusa como se fôssemos macacas.

ELOGIOS *(duvidosos)*

Nunca vou perguntar se seus brincos foram "feitos à mão", especialmente se você nunca disse que um dos seus hobbies é fazer joias.

SEU NOME *(a grafia correta)*

Se seu nome puder ser escrito de várias formas, se tiver uma grafia incomum ou nenhuma das alternativas acima, vou me dar ao trabalho de escrevê-lo corretamente em vez de sempre errar a grafia nos meus e-mails, apesar do fato de eu ter de soletrar seu nome corretamente sempre que digito o seu endereço de e-mail, levando os meus colegas a responder com a pergunta "quem é [o seu nome, com uma grafia irreconhecível]?"

AR-CONDICIONADO *(utilizado como um instrumento de tortura)*

Manterei o escritório a uma temperatura que lhe possibilite ficar à vontade com as suas roupas normais, não a temperaturas que a forçarão a levar um casaco pesado ao trabalho no verão e querer ficar só de roupa de baixo no inverno.

CONHECIMENTO *(seu)*

Nunca vou chamá-la, desdenhosa, de "nerd", "geek", "espertinha", ou "esquisitona" só porque você sabe mais do que eu sobre um assunto específico que lhe mandei pesquisar.

APRESENTAÇÕES *(incluindo informações desnecessárias)*

Depois que eu apresentá-la, com as delicadezas de sempre, a um colega que está de visita ao nosso escritório pela primeira vez, não vou revelar, como uma curiosidade divertida sobre você "[seu nome] perdeu muito peso desde que começou a trabalhar para mim" e sorrir orgulhosa como se eu tivesse alguma coisa a ver com isso.

PERTENCES PESSOAIS *(o que é seu também é meu)*

Ao conversar com um colega perto de sua mesa, não vou pegar distraidamente seu hidratante labial, usá-lo e colocá-lo de volta, sem pedir a sua permissão (e muito menos agradecer).

HORAS EXTRAS *(atingindo o máximo)*

Se a empresa tem um limite para as horas extras dos assistentes, não vou obrigá-la a trabalhar mais do que você está autorizada a cobrar da empresa. Se circunstâncias especiais exigirem que você faça isso, vou pagá-la em dinheiro. Contudo, não insistirei que você trabalhe onze horas por dia sem me oferecer para remunerá-la pelas horas de sua vida que estou lhe roubando e, como se tudo isso não bastasse, lhe dar um bônus de fim de ano miserável.

ELOGIOS *(o jeito errado de aceitar)*

Se um dia você elogiar a minha roupa e perguntar onde eu comprei, vou aceitar o elogio com elegância e lhe dar o nome da loja, em vez de dizer em um tom falso de desculpa "é caro demais para você".

INCENTIVOS *(incorretos)*

Não vou mencionar quanto estou lhe pagando a cada vez que acho que você não está dando duro o suficiente, fazendo com que você se sinta culpada por um salário que mal paga as suas contas.

COMPAIXÃO
(problemas merecedores de)

Não vou me recusar a demonstrar qualquer compaixão quando você receber uma multa por excesso de velocidade, porque a mandei chegar 30 minutos antes quase sem qualquer aviso prévio, mas logo em seguida esperar que você seja toda solidária quando reclamo que tinha açúcar demais no meu café.

ALEGRIA COM A TRAGÉDIA ALHEIA *(depreciativa)*

Não vou viver dizendo que "tem uma fila de gente querendo trabalhar para mim", sugerindo que você deveria se considerar uma pessoa de sorte por ser maltratada por mim.

ATAQUES PREVENTIVOS
(difamação)

Se eu encontrar com você em um bar no fim de semana e vir que você está se divertindo com um grupo de amigos, vou cumprimentá-la educadamente e seguir em frente. Não vou, contudo, chegar ao trabalho na segunda de manhã espalhando que você estava "trêbada", quando, na verdade, eu é que estava caindo de bêbada e só estou tentando destruir a sua credibilidade antes de você poder contar a alguém como caí de cara na pista de dança.

MUDANÇAS ÓBVIAS *(percebendo)*

Quando você mudar radicalmente o seu corte de cabelo, vou dizer "ficou bom!", em vez de não dizer absolutamente nada e fazer você se sentir ainda mais invisível.

OFERTAS DE OCASIÃO
(aproveitando as)

Não vou interpretar a sua disponibilidade de ficar acordada até a meia-noite em uma ocasião especial, como uma indicação de que você se dispõe a ficar trabalhando toda noite até a meia-noite e depois acusá-la de não ser nada profissional quando você me informar que não é o caso.

SEU DIA ESPECIAL *(sem açúcar)*

Se os chefes da empresa tiverem a tradição de comprar, para seus assistentes, um bolo no dia do aniversário deles, não serei a única chefe do escritório a se esquecer de fazer isso, apesar de todos os outros assistentes me enviarem e-mails me lembrando disso todos os dias da semana anterior.

CARREGADORES DE CELULAR *(custo dos)*

Não vou roubar o seu carregador e seus fones de ouvido do smartphone com tanta frequência (sempre jurando de pés juntos que não fiz isso) que, até o fim do ano, você já gastou quase um salário inteiro substituindo os objetos da minha cleptomania.

DECORAÇÃO *(destruição cruel da)*

Não vou derrubar a sua planta favorita da sua mesa (o único pedaço de vida que cabe no seu cubículo) e não só não me oferecer para substituí-la, como mandá-la limpar a bagunça antes que alguém suje os sapatos.

CONTATO VISUAL *(regras básicas de)*

Ao conversar com você, vou olhá-la nos olhos. Não vou olhar para a tela do meu computador enquanto você fala, como se a sua parte da conversa não tivesse qualquer relevância, nem vou olhar para um ponto no espaço um pouco acima da sua orelha esquerda, como se eu não conseguisse suportar olhar para o seu rosto.

IMITAÇÕES *(desnecessárias)*

Não vou fingir que estou fazendo manha, respondendo com uma voz de criança birrenta quando você me fizer uma pergunta de rotina e, ao notar a sua confusão, explicar "é isso que eu ouço quando você fala comigo".

LIXO *(como um instrumento de tortura)*

Não vou obrigá-la a vasculhar o lixo do escritório para encontrar uma coisa que acho que joguei fora sem querer, coisa que eu vou encontrar mais tarde no fundo de uma das minhas gavetas.

PIADAS *(reveladoras)*

Quando o presidente da empresa fizer um discurso na festa de fim de ano do escritório, agradecendo todos os assistentes e o pessoal de apoio e todo mundo aplaudir, não vou gritar "de brincadeira": "menos a [seu nome]!"

PEGADINHAS *(duplamente cruéis)*

Não vou lhe entregar uma sacola de uma loja cara anunciando "trouxe isso para você", só para você abrir a sacola toda animada e encontrar um emaranhado de todos os seus carregadores de celular que eu já peguei emprestados no ano passado, sendo que alguns deles foram mastigados pelo meu cachorro.

PARANOIA *(causando)*

Não vou parar de falar de repente sempre que você passar por perto só para lhe dar a impressão de que estou sempre reclamando de você pelas suas costas.

EXPRESSANDO FAVORITISMO *(não por você)*

Não vou puxar o seu tapete numa reunião da equipe, não para encobrir um erro meu, mas para encobrir o erro da assistente de um colega, isso porque acho que aquela assistente tem um futuro brilhante na empresa... e você não.

INTERMEDIÁRIOS *(extremamente irritantes)*

Quando eu arranjar um filhotinho de cachorro e levá-lo ao escritório, não vou passar o dia inteiro falando com você com voz de bebê imitando o filhote.

ENCORAJAMENTOS *(embaraçosos)*

Quando eu precisar que você saia de uma reunião da equipe e pegue alguma coisa na sua mesa para mim, vou pedir com um sussurro ou lhe passar um bilhete discretamente. Não vou bater palmas e gritar, "vai logo, vai, vai!" obrigando-a a fazer papel de palhaça na frente da equipe inteira.

ESTADO DE ESPÍRITO *(8 ou 80)*

Se eu só tiver dois estados de espírito distintos à minha disposição (um no qual tento ser uma chefe legal e a sua melhor amiga e o outro no qual eu berro histericamente ao menor erro ou sinal imaginário de desrespeito), não vou alternar entre os dois sem qualquer aviso prévio.

CULPA *(reação normal à)*

Se eu gritar com você e perceber que não foi culpa sua, vou pedir desculpas em vez de me ressentir com você, em silêncio pelo resto da semana, por provocar em mim essa estranha sensação de culpa.

HUMILHAÇÃO *(preparando o terreno para a sua)*

Não vou deixar você fazer a sua primeira apresentação para a empresa toda com um pedaço enorme de espinafre grudado entre os dentes (e passar meses curtindo com a sua cara).

ESPERANÇAS *(destruídas)*

Enquanto estivermos nos aprontando para sair do escritório à noite, não vou perguntar: "ah, você [fez uma coisa completamente sem importância que nunca a mandei fazer, mas que levará pelo menos duas horas]?" e exigir que você faça logo.

JOGOS DE ADIVINHAÇÃO *(condescendentes)*

Quando você me entregar um documento para fazer anotações, vou dizer o que quero que você mude. E não ir à sua mesa apontando para um parágrafo e perguntando "o que você acha que está errado com isso?", obrigando-a a adivinhar, vez após vez, até eu finalmente revelar que você usou a mesma palavra duas vezes numa mesma frase.

FESTAS DE BOAS-VINDAS *(terríveis)*

Não vou recebê-la de volta de uma cirurgia com um longo sermão sobre como o assistente temporário fez um trabalho muito melhor que o seu e reclamar do fato de você estar de muletas e não tem como me trazer café nas próximas seis semanas.

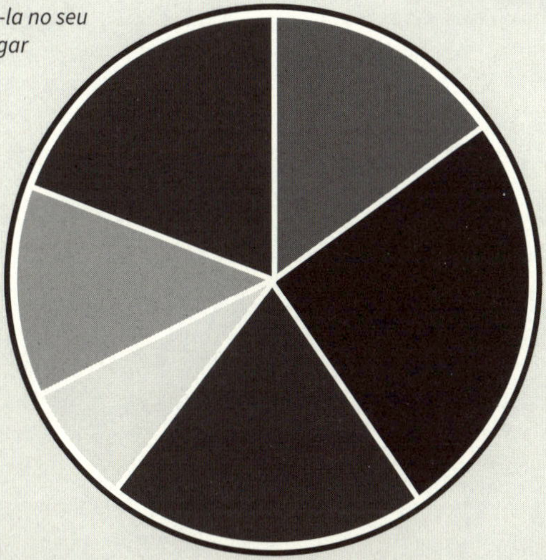

RAZÕES PELAS QUAIS ESTOU GRITANDO COM VOCÊ

Analisando por partes...

CHATS DO INFERNO:
ESSE TIPO DE COISA ACONTECE

(com mais frequência do que seria de esperar)

CHEFE: ARGH! minha assistente está me dando nos nervos hoje!!! 12:33

12:33 Hum... ASSISTENTE

CHEFE: errei a janela do chat. 12:33

CHEFE: para quem eu preciso ligar? Faça isso logo. 12:33

12:34 Certo. ASSISTENTE

E-MAILS DO INFERNO: SERMÕES

(desnecessários)

ASSUNTO: (SEM ASSUNTO)
DE: CHEFE
PARA: ASSISTENTE

nao sei pq vc nao consegue fazer as coisas no prazo. pedi aquele documento no fim da tarde. já passa da meia-noite. o dia acabou. dei muito tempo pra trabalhar nisso. se vc nao consegue dar conta do recado, vou encontrar alguém que consegue. preciso de alguém organizada e competente, como eu.

ASSUNTO: RE: (SEM ASSUNTO)
DE: ASSISTENTE
PARA: CHEFE

Desculpe, mas mandei para você 4 horas atrás. Você não recebeu o meu e-mail?

ASSUNTO: RE: RE: (SEM ASSUNTO)
DE: CHEFE
PARA: ASSISTENTE

tem um erro de digitaçao no último paragrafo. vc precisa melhorar a revisao.

CHATS DO INFERNO: BOAS MANEIRAS

(unilaterais)

CHEFE: café. preto. adoçante. 10:02

10:02 Já vou. ASSISTENTE

CHEFE: mais café 10:21

10:21 Só um minuto. ASSISTENTE

CHEFE: café 11:00

11:00 Certo, eu levo assim que organizar a conferência telefônica ASSISTENTE

CHEFE: argh. ok 11:00

O CHEFÔMETRO

Como a minha reação a diferentes situações pode ajudá-la a avaliar exatamente até que ponto sou uma péssima chefe

VOCÊ ESTÁ PASSANDO MAL

A MELHOR CHEFE DO MUNDO	"Vá para casa imediatamente e descanse! Nem pense em abrir o e-mail pelo resto do dia"
SER HUMANO NORMAL	"Nossa, que chato. Você acha que aguenta até o fim do dia? Seria ótimo se você pudesse"
DESATENCIOSA, MAS SEM FAZER QUESTÃO DE SER CRUEL	"Argh. Que chato para você"
MALVADA	"Saia de perto de mim! Não posso ficar doente agora, DE JEITO NENHUM! A gente tem uma montanha de trabalho para fazer. E pare de assoar tanto o nariz. Não consigo me concentrar"

VOCÊ AINDA NÃO CONSEGUIU PARAR PARA ALMOÇAR E JÁ SÃO 3 DA TARDE

A MELHOR CHEFE DO MUNDO	"Você já almoçou? Nossa, você deve estar faminta! Pegue estes R$ 50,00 e coma bem"
SER HUMANO NORMAL	"É melhor comer alguma coisa agora que as coisas acalmaram um pouco. Mas não demore muito"
DESATENCIOSA, MAS SEM FAZER QUESTÃO DE SER CRUEL	[Nem percebi que você não almoçou]
MALVADA	"Preciso que você fique à sua mesa enquanto almoço com o meu amigo. Nem pense em se afastar por um segundo sequer. Estou esperando uma ligação importantíssima." [Não é verdade e você sabe disso, mas você também sabe que tenho a mania de ligar para o escritório para ver se você está na sua mesa quando estou fora]

VOCÊ NÃO TEM MUITO TEMPO PARA TERMINAR O PROJETO NO QUAL ESTÁ TRABALHANDO

A MELHOR CHEFE DO MUNDO	[Nada. Sei que você está se empenhando ao máximo para fazer o melhor trabalho possível]
SER HUMANO NORMAL	"Ei, quando você acha que termina?"
DESATENCIOSA, MAS SEM FAZER QUESTÃO DE SER CRUEL	"Anda logo. Tomara, para o seu próprio bem, que você tenha um bom trabalho para mostrar depois de me fazer esperar tanto"
MALVADA	"Já terminou?" [Repito a pergunta a cada 5 minutos, andando em círculos ao redor da sua mesa]

VOCÊ DEIXOU DE ATENDER UMA LIGAÇÃO PORQUE TEVE DE IR AO BANHEIRO

A MELHOR CHEFE DO MUNDO	[Nada. Eu mesma atendi o telefone]
SER HUMANO NORMAL	"Onde você foi? Tive de atender eu mesma o telefone!"
DESATENCIOSA, MAS SEM FAZER QUESTÃO DE SER CRUEL	"Você perdeu uma ligação e caiu no correio de voz. Tomara, para o seu próprio bem, que não seja de alguém importante"
MALVADA	"A única coisa que você precisa fazer é atender as minhas ligações. [Não é verdade.] Se você não consegue fazer nem isso, para que eu lhe pago tanto dinheiro? [Seu salário é uma miséria.] Vá ao banheiro no seu tempo livre. [Você não tem mais qualquer tempo livre, graças a mim.] Da próxima vez que isso acontecer, você será demitida. [O que até poderia ser um alívio]"

A MINHA VIDA PESSOAL

Você não precisa saber, mas vou contar mesmo assim

SEUS OUVIDOS *(protegendo-os)*

Não vou falar com voz de bebê ao telefone com o meu namorado se você estiver por perto e puder ouvir.

OPORTUNIDADES *(boas e não tão boas)*

Não vou perguntar se você quer ganhar um dinheiro extra fora do horário de trabalho oferecendo "uma excelente oportunidade" para você e, quando você pedir mais informações, revelar que se trata de um bico nos finais de semana cuidando dos meus filhos mimados.

LAVANDERIA *(objetos perdidos)*

Não vou mandá-la levar duas semanas das minhas roupas sujas à lavanderia, ligar para você dizendo que deixei um "recibo importante" em uma das peças de roupa, exigir que você despeje todas as minhas roupas de grife sujas no banco de trás do seu carro para verificar todos os bolsos e, assim que você terminar a desagradável tarefa, ligar informando que encontrei o recibo no bolso da calça que estou usando agora.

DERROTAS *(inevitáveis)*

Não vou acusá-la de ser um derrotada quando você me diz, pela quarta e última vez, que não, um estagiário não tem como ir ao departamento de trânsito tirar outra via da minha carteira de motorista "roubada".

MUDANÇA *(eufemismos)*

Não vou perguntar se você pode me ajudar a levar "umas coisinhas" em uma mudança no fim de semana, só para você aparecer com o seu carro popular de dez anos e descobrir que, quando eu disse "umas coisinhas", estava me referindo a "quase todas as minhas coisas", porque briguei com meu marido e, apesar de eu ter condições de ficar num hotel cinco estrelas em vez do sofá, recuso-me a pagar profissionais para fazer a minha mudança.

MINHA VIDA AFETIVA *(da qual ninguém precisa saber)*

Não vou mandar você abrir uma conta para mim em um site de namoro. Não vou mandar você criar uma conta para mim em um site que conecta jovens mulheres com homens mais velhos. Não vou mandar você criar uma conta para mim em um site que conecta pessoas casadas com outras pessoas casadas que querem trair o marido/esposa com discrição. Se eu quiser me envolver nesse tipo de coisa, farei isso eu mesma, no meu tempo livre.

FESTAS DE ANIVERSÁRIO TEMÁTICAS *(planejando)*

Se eu decidir que quero uma festa de aniversário envolvendo clube das mulheres, não vou obrigá-la a organizar a coisa toda, sendo que isso provavelmente levará o nosso departamento de TI a bloquear a sua conta devido à natureza subitamente inadequada das suas buscas na internet.

DOCUMENTOS *(ninguém precisa saber disso)*

Se eu precisar que você imprima uma nova cópia de um documento para mim, só vou pedir isso. Não vou chegar cheia de dedos à sua mesa, pedir para imprimir o documento de novo e explicar que "deixei a minha cópia na cama do [pessoa de quem você nunca ouviu falar] quando saí de fininho de manhã, então não acho que vou ver o documento de novo", e ainda estender a palma da mão dizendo "uhu! toca aqui!"

BRONZEAMENTO *(artificial)*

Não vou mandar você testar meu novo spray de bronzeamento no seu braço porque estou preocupada com a possibilidade de o produto me deixar alaranjada.

JANTARES NA MINHA CASA

(fingindo que cozinhei)

Não vou obrigá-la a passar três horas no trânsito (na hora do rush!) dirigindo pela cidade inteira para pegar encomendas de pratos de vários restaurantes, que planejo transformar em um "jantar caseiro" para os amigos que receberei na minha casa.

COMPRAS *(fúteis)*

Não vou obrigá-la a passar dois meses procurando um perfume francês obscuro e, quando você me apresentar, triunfante, o que parece ser o última frasco existente no planeta, dizer "Ah. Mudei de marca no mês passado, quando você não conseguiu encontrar. Eu não te falei?"

ENCONTROS AMOROSOS

(agendando)

As suas responsabilidades como minha assistente não incluirão marcar encontros amorosos para mim com cinco pessoas diferentes em cinco cidades diferentes, e garantir que nenhuma delas fique sabendo das outras.

PERGUNTAS EDUCADAS

(ninguém precisa saber disso)

Quando você pergunta, só por educação, "Tudo bem?" quando chego ao escritório de manhã, minha resposta se limitará a uma frase, que provavelmente será apenas "Tudo bom". Não vou começar a reclamar de todos os problemas que estou tendo na minha vida pessoal, descrever como me sinto com isso, detalhar os métodos estranhos e inquietantes que o meu terapeuta da Nova Era recomendou e concluir com um "então acho que está tudo bem".

CHÁS DE BEBÊ *(planejando)*

Se eu precisar fazer uma conferência telefônica com algumas amigas para planejar um chá de bebê, posso até pedir a sua ajuda para configurar a conferência, mas não vou obrigá-la a ouvir toda a conversa de 90 minutos e, ainda por cima, fazer anotações detalhadas.

SUAS RESPONSABILIDADES *(limites das)*

Jamais pedirei para você engraxar os meus sapatos. Você é uma assistente, não uma governanta (já que elas ganham muito mais).

TAREFAS PESSOAIS *(imperdoáveis)*

Não vou mandar você ir até a minha casa no fim de semana, coletar uma amostra de fezes do meu cachorro e levá-la ao veterinário porque "estou ocupada demais" jogando com as amigas.

CONHECIMENTO *(usando o meu)*

Não vou obrigá-la a lidar com todos os detalhes da herança do meu parente falecido, sem mover um dedo para ajudar durante todo o processo de três meses, apesar de eu ser formada em direito e você ser formada em artes com especialização em teoria do cinema.

CHÁS DE BEBÊ *(toda a responsabilidade sem qualquer recompensa)*

Quando as minhas amigas fazem um chá de bebê, não a encarregarei de pegar o bolo de 1kg estampado com a foto do bebê às 9 da manhã de um domingo.

MINHAS FILHAS *(escoteiras)*

Não vou lhe entregar um bloco de rifa das escoteiras na sexta à tarde e dizer que a minha filha precisa vender R$ 500,00 até segunda-feira para superar as outras e ganhar um troféu que mais parece ter sido comprado numa loja de 1,99.

CONVITES *(segundas intenções)*

Não vou convidá-la para uma "festa legal" na minha casa e, quando você aparecer com a melhor garrafa de vinho que conseguiu pagar, revelar que na verdade preciso de você para manter meus filhos sob controle pois a babá pediu demissão de manhã.

MEUS FILHOS *(trabalhos escolares)*

Nunca vou obrigá-la a passar o fim de semana fazendo e assinando cinquenta cartões de Natal para a turma de jardim de infância do meu filho. Jamais vou obrigá-la a fazer a lição de matemática do meu filho e me indignar quando ele "só" tirar 9 e não 10. Nunca vou forçá-la a passar uma noite de quinta construindo um vulcão de papel machê para a feira de ciências do meu filho no dia seguinte. Afinal, ajudar os meus filhos a trapacear é trabalho meu, não seu.

DESCULPAS *(contagiantes)*

Depois de você me informar que um colega teve de cancelar uma reunião porque o cachorro dele está doente, não vou "lembrar" que o meu cachorro também está doente e tentar usar isso como uma desculpa para o meu ataque de fúria contra você de manhã.

CUIDAR DE CACHORROS *(obrigação estendida)*

Não vou mandar você cuidar do meu cachorro "só no fim de semana", que acaba se transformando no mês inteiro "porque estou muito ocupada agora e ele adorou você!"

TAREFAS PESSOAIS *(embaraçosas)*

Não vou mandar você comprar roupas íntimas para mim.

PLANEJAMENTO DE EVENTOS *(contraproducentes)*

Não vou chamá-la à minha sala, interrompendo o seu trabalho em uma tarefa importantíssima e urgente, para pedir a sua opinião sobre os diferentes tipos de lugares para a despedida de solteira da minha amiga e desconsiderar seu conselho fazendo questão de escolher o lugar do qual você gostou menos.

PROFISSIONALISMO *(deslizes constrangedores)*

Não vou brigar com o meu marido na sua frente.

MEUS FILHOS *(detalhes desnecessários sobre)*

Não vou descrever para você, em detalhes, os vários estágios do progresso do meu filho em aprender a ir ao banheiro sozinho, com uma atualização de status toda manhã.

MEU PASSADO *(deveria ser esquecido)*

Quando a foto de alguém com quem eu me relacionei no passado for postada em um blog ou jornal, não vou chamá-la à minha sala, apontar para a foto e me vangloriar.

SEGREDOS *(por definição não devem ser revelados)*

Não vou usá-la como minha confidente pessoal e contar tudo sobre todos os meus amigos (quem está dormindo com quem, quem está traindo quem, quem está planejando deixar quem) de modo que, toda vez que encontrar esses amigos, você não tem onde enfiar a cara de constrangimento, enquanto tenta não revelar que está sabendo do péssimo comportamento dessas pessoas.

CONVERSAS OUVIDAS SEM QUERER *(perturbadoras)*

Você jamais vai me ouvir dizer a um amigo ao telefone "bom, ainda não dominei [ele] totalmente", só para descobrir que não estou falando de você, minha nova assistente, mas, pior ainda, estou falando do meu novo namorado.

MINHA EQUIPE DE EMPREGADOS DOMÉSTICOS *(administração forçada de)*

Não vou obrigá-la a agir como a supervisora da minha empregada, que é vinte anos mais velha que você, ganha muito mais que você e considera as suas tentativas de se comunicar com ela num espanhol truncado, hilárias, só porque não gosto de dizer que ela fez alguma coisa errada, mas curiosamente, não tenho problema algum em gritar com você todos os dias.

MEUS FILHOS *(servindo de babá dos)*

Quando os meus filhos vierem me visitar no escritório, não vou passar 5 minutos com eles e sugerir que eles vão brincar com a "Tia Assistente!", encarregando-a de cuidar deles enquanto faz cinquenta telefonemas para mim.

LISTAS *(embaraçosas)*

Não vou mandar você fazer "discretamente" uma lista dos melhores advogados de divórcio da cidade, ainda mais considerando que você e o meu marido conversam todos os dias e se dão muito bem.

COMPAIXÃO *(quando não dá certo)*

Não vou reclamar com você do meu marido e, quando você se mostrar solidária, ficar brava com você por insultá-lo.

GOSTO MUSICAL *(expectativas X realidade)*

Não vou obrigá-la a criar uma playlist com "músicas da moda" para a festa que darei na minha casa no fim de semana e ficar com raiva de você quando você usar um rock independente descolado em vez dos únicos músicos modernos que eu conheço.

MANEQUIM *(usando-a como um)*

Depois de eu descobrir que temos o mesmo tamanho de sapato/blusa/calças, não vou mandar você ir a uma loja no seu horário de almoço, provar um monte de roupas e sapatos, tirar fotos e esperar que eu decida quais itens eu quero que você compre.

COMPRAS *(involuntárias)*

Se eu decidir ir às compras na hora do almoço, não vou obrigá-la a me acompanhar para me dizer que eu fico bem nas roupas que eu provar.

SUA OPINIÃO *(valor da)*

Não vou perguntar se você pode "dar uma olhada em uma coisa para mim e me dizer o que acha", uma tarefa que você aceita, animada por finalmente ter a sua opinião valorizada no trabalho, e lhe enviar um e-mail com a redação do meu filho de 15 anos sobre o "Inferno" de Dante.

5%

OUVINDO SEM QUERER

meu filho adolescente gritar "eu te odeio!" para mim e contendo um sorriso de satisfação

8%

DESVIANDO-SE

de objetos pequenos, porém surpreendentemente pesados, jogados em você quando você tem de ir à minha casa por alguma razão

42%

COMPRANDO COISAS PARA ELES

que você jamais poderia se dar ao luxo de comprar para si mesmo

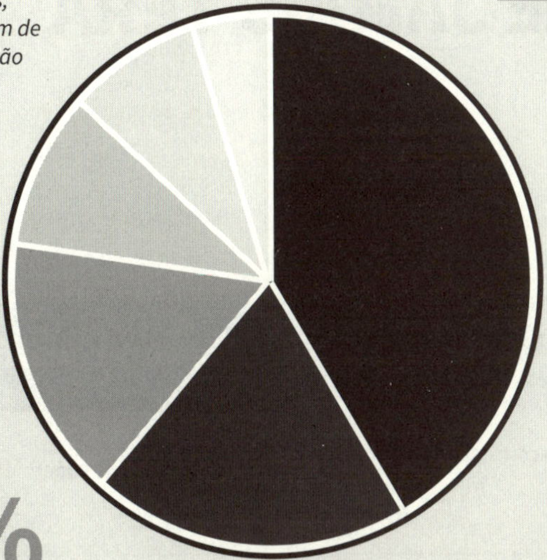

9%

EXPLICANDO QUE A MAMÃE

não pode falar ao telefone agora porque está "em uma reunião" (tirando um cochilo)

16%

CUIDANDO DELES DE GRAÇA

porque eu não lhe dei outra opção

20%

"REVISANDO" E "EDITANDO" EXTENSIVAMENTE

a lição de casa e/ou as redações deles

AS SUAS INTERAÇÕES COM OS MEUS FILHOS

Analisando por partes...

PORQUE OS MEUS FILHOS TÊM UMA VIDA MELHOR AGORA DO QUE VOCÊ JAMAIS TERÁ

O QUE VOCÊ COMPROU PARA OS MEUS FILHOS		O QUE VOCÊ COMPROU PARA SI MESMA	
Lancheiras térmicas em cinco cores diferentes, uma para cada dia da semana	**R$ 150,00**	Saco de plástico de supermercado	**R$ 0,00**
Casa dos Sonhos de boneca de 3 andares	**R$ 1.999,00**	Uma garrafa de pinga	**R$ 6,50**

O QUE VOCÊ COMPROU PARA OS MEUS FILHOS	O QUE VOCÊ COMPROU PARA SI MESMO
Horrenda mochila de marca **R$ 795,00**	Sacola de brinde da loja de ferragens que a sua mãe lhe deu cinco anos atrás **R$ 0,00**
Um mês de jantares gourmet feitos especialmente para crianças **R$ 1.900,00**	36 pacotes de macarrão instantâneo **R$ 27,95**
O conjunto completo de Blu-Rays de Guerra nas Estrelas, edição de colecionador **R$ 599,00**	A senha do aplicativo de filmes por assinatura dos seus pais **R$ 0,00**
Uma versão elétrica em miniatura do meu conversível **R$ 5,990.00**	Uma troca de óleo adiada há tanto tempo **R$ 59,90**
Novo tablet **R$ 2.499,00**	Novo carregador (genérico) do smartphone para substituir o que eu peguei "emprestado" por tempo indeterminado **R$ 39,99**

COMO LIDAR COM O CHEFE: PERGUNTAS QUE EU POSSO FAZER PARA VOCÊ EM ALGUM PONTO

(e como responder)

PERGUNTA	RESPOSTA ERRADA	RESPOSTA CERTA
"Você gostou desta camisa/cadeira/ cachorro/ travesseiro/ livro/pôster/tapete/ chapéu/escultura caríssima que estou pensando em comprar?"	"É bonito, mas acho que..." **POR QUE A RESPOSTA ESTÁ ERRADA:** Agora você precisa explicar por que não gostou e você pode dizer o que quiser, mas vou considerar uma ofensa pessoal ao meu bom gosto. Seria melhor me deixar tomar uma péssima decisão de compra	"Sim! Adorei!" **POR QUE A RESPOSTA ESTÁ CERTA:** Você não precisa dizer mais nada e pode voltar ao trabalho

PERGUNTA	RESPOSTA ERRADA	RESPOSTA CERTA
"O que você faria se estivesse na minha situação?"	"[uma avaliação precisa da situação seguida de sugestões lógicas e sensatas do que eu poderia fazer]" **POR QUE A RESPOSTA ESTÁ ERRADA:** Com base na sua experiência, vou entender errado o que você está tentando me dizer, seguir o "conselho" que achei que você me deu e culpá-la quando a situação piorar ainda mais	"[expressão de profunda reflexão seguida de palavras vagas de interesse e solidariedade]" **POR QUE A RESPOSTA ESTÁ CERTA:** Se você não me der qualquer conselho concreto, não vou ter como piorar a situação e ainda vou achar que você está me ajudando e me impressionar com a sua perspicácia
"Será que eu devo comprar um carro novo?"	"Sim/Não" **POR QUE A RESPOSTA ESTÁ ERRADA:** Eu quero um carro novo, mas não quero que ninguém me diga se eu deveria ou não comprar um. Tudo o que essa resposta vai fazer é prolongar a conversa por mais 15 minutos, enquanto eu argumento contra qualquer coisa que você me disser	"Você quer um carro novo?" **POR QUE A RESPOSTA ESTÁ CERTA:** Apelar à minha ganância é a melhor maneira de me fazer decidir logo. A resposta será "sim", mesmo se eu levar um segundo para falar com nostalgia do meu carro atual, só para manter as aparências
"O que eu devo pedir para o almoço?"	"[o prato de preparação mais rápida do restaurante que leva menos tempo para entregar]" **POR QUE A RESPOSTA ESTÁ ERRADA:** Você deve estar sonhando se acha que eu vou aceitar qualquer sugestão sua	"[o prato de preparação mais demorada do restaurante que leva mais tempo para entregar]" **POR QUE A RESPOSTA ESTÁ CERTA:** Eu posso não pedir do restaurante mais rápido, mas pelo menos não vou pedir do mais demorado

A SUA VIDA PESSOAL

Se é que você tem direito a uma

PRIVACIDADE *(respeitando a sua)*

Não vou bisbilhiotar por cima do seu ombro enquanto você almoça na sua mesa, apontar para um evento aleatório na sua agenda pessoal e perguntar "o que é isso?"

COMENTÁRIOS PÓS-FÉRIAS *(desnecessários)*

Depois de fingir que me interesso pelas suas férias, não vou comentar, sem disfarçar o veneno, que você parece "descansada... e muito bem alimentada".

ELOGIOS *(confusos)*

Não vou pegar a mania de elogiar suas roupas, absolutamente comuns, com um tom de voz alegre (e falso), até você começar a perder toda a noção de bom gosto.

TRAIÇÕES *(casuais)*

Se eu ouvir de intrometida você dizer a um colega chato que está até o pescoço de trabalho hoje à noite e não vai poder aceitar o convite para o happy hour no boteco horroroso perto do escritório, não vou me intrometer dizendo "como assim? Você não tem nada para fazer para mim hoje à noite".

AJUDA *(não solicitada)*

Não vou lhe dar conselhos não solicitados para cuidar melhor da sua pele que envolvem um tratamento que custa mais por semana do que você ganha em um mês.

FAMÍLIA *(importância da)*

Se você perguntar se pode tirar folga na segunda-feira de Carnaval para poder passar mais tempo com a sua família, que mora a 1.500km de distância e que você só vê umas três vezes por ano, porque não pode se dar ao luxo de viajar com mais frequência, não vou retrucar com um "por quê? Um dia e meio já não está bom?"

ALMOÇO *(o seu)*

Quando você tiver algum compromisso na hora do almoço e, pela primeira vez em cinco meses, não puder comer na sua mesa enquanto imprime documentos para mim, não vou passar meia hora decidindo se deixo ou não você sair do escritório e, quando finalmente aceitar a contragosto, perguntar "mas você volta às 14h em ponto, certo?"

PESO *(o seu)*

Não farei qualquer comentário a respeito a não ser que você toque no assunto. Quando você sugerir que se acha gorda, direi "de jeito nenhum, você está ótima", porque sei que, se você está comendo demais, é bem provável que a culpa seja minha.

PESO *(meu)*

Não vou perguntar o quanto você pesa e, quando você responder com relutância, suspirar aliviada e dizer "bom, agora estou me sentindo melhor comigo mesma".

ELOGIOS *(retirando os)*

Quando elogio a sua roupa e você me disser, orgulhosa, que comprou por R$ 10,00 num brechó, vou admirar a sua criatividade em vez de fazer uma careta, como se você estivesse usando as roupas de um mendigo.

SEU ANIVERSÁRIO *(falsas esperanças)*

Vou me lembrar do seu aniversário e lhe dar um presente. Não vou esquecer da data e lhe dar um envelope com um cheque dentro (nominal para mim) e mandá-la ir ao meu banco para fazer o depósito.

NAMORADO *(insultando o seu)*

Depois de passar no máximo 5 minutos batendo papo com seu namorado na festa de fim de ano do escritório, não vou perguntar para você a plenos pulmões no dia seguinte "por que você está namorando aquele idiota, afinal de contas?"

BISBILHOTANDO *(sem um pingo de vergonha na cara)*

Quando você voltar correndo do banheiro (porque reclamo se achar que você demorou demais), você não vai me encontrar vasculhando os papéis na sua mesa e fazendo cara de paisagem quando me pegar no pulo.

CONSELHOS *(infundados)*

Não vou teimar em lhe dar conselhos de namoro e relacionamento, ainda mais se nunca consegui manter um relacionamento por mais de duas semanas durante todo o tempo que você passou trabalhando para mim.

COMENTÁRIOS GENEALÓGICOS *(incrivelmente ofensivos)*

Quando você levar os seus pais para conhecer o escritório, não vou comentar no dia seguinte que "agora entendi por que você é assim".

ATIVIDADES NO TEMPO LIVRE *(metendo o nariz nas)*

Quando você me disser que vai ao cinema hoje à noite, não vou exclamar "ah! Faz tempo que estou com vontade de ver esse filme!" e obrigá-la a encontrar bilhetes para mim, no mesmo cinema e na mesma sessão.

SUA FESTA DE ANIVERSÁRIO *(convites para)*

Não vou ficar brava com você por não me convidar para a sua festa de aniversário, isso porque eu sou 25 anos mais velha que você, casada, com filhos e morreria de vergonha de ser vista no bar onde você vai fazer a festa.

PERGUNTAS *(sem noção)*

Quando ligar para você no fim de semana para mandá-la fazer alguma coisa, não vou começar perguntando o que você está fazendo agora numa tentativa, sem jeito, de ser atenciosa, mas que só acaba nos deixando sem graça quando você revela, com relutância, os detalhes da sua vida tediosa.

CRIANÇAS *(me comportando como uma)*

Não vou bisbilhotar a sua conversa por telefone com os seus pais na hora do almoço e tirar sarro de você por se despedir com "um beijo", como se eu fosse uma menina de 10 anos de idade.

ADMINISTRAÇÃO DO TEMPO

(forçada)

Alguns meses depois que você começar a trabalhar para mim, não vou perguntar quais são os seus hobbies e, depois que você responder, dizer "certo, você vai ter de largar tudo isso, pois essas coisas tomam tempo demais". Especialmente se você acabou de me dizer que gosta de ler, ver filmes e andar de bicicleta.

ENCOMENDAS

(inspeções indevidas de)

Quando você receber no escritório encomendas de compras que fez pela internet, para evitar que elas sejam roubadas na porta do seu apartamento, não me materializarei ao lado da sua mesa aos primeiros sons de um pacote sendo aberto e exclamar, decepcionada "o que é isso?!?" quando ficar claro que a encomenda não é para mim. E força-la a explicar, sem jeito, que são os 36 pacotes de macarrão instantâneo que encontrou em liquidação na internet.

PERSEGUIÇÃO NO FACEBOOK

(flagrante)

Quando entrar na minha sala para deixar alguns documentos na minha mesa, você não me pegará no pulo vendo as suas fotos no Facebook (e eu nem vou me dar ao trabalho de fingir que estou fazendo outra coisa ou tentar me justificar).

CONVERSAS PESSOAIS

(reciprocidade)

Não vou passar uns bons 10 minutos contando algo divertido que fiz no fim de semana e, quando você tentar me contar uma história igualmente interessante sobre a sua vida, dar as costas para você quando você ainda estiver falando e exclamar "bom, vamos trabalhar!" como se tivéssemos terminado a conversa.

INDIRETAS *(nada sutis)*

Você não vai chegar ao escritório de manhã e encontrar um frasco de xampu anticaspa no canto da sua mesa, para o qual eu vou apontar e dizer "comprei especialmente para você!", com um grande e generoso sorriso no rosto.

SEU BAIRRO *(críticas precipitadas)*

Se eu perguntar em que bairro você mora, não vou fazer cara de assustada e desdém com a sua resposta e comentar "ahhhhhhhhhh, você mora lá... bom, pelo menos deve ser barato".

CONSELHOS *(não pertinentes)*

Não vou tentar lhe dar conselhos de investimento no mercado financeiro e imobiliário quando o salário que lhe pago mal dá para você investir em comida e aluguel.

INVESTIGAÇÕES *(injustificadas)*

Não vou transformar uma conversa casual sobre alguma banda em um minucioso interrogatório para descobrir se você já usou drogas.

PRESSUPOSTOS *(baseados na aparência)*

Não vou fingir surpresa quando você revelar que planeja ir a algumas festas no fim de semana, explicando que achei que você fosse "uma puritana" devido às roupas que usa no trabalho, que, é bem verdade, não têm muita personalidade, da mesma forma como as roupas de qualquer outra pessoa do nosso escritório corporativo extremamente conservador.

LIGAÇÕES NOTURNAS *(hipócritas)*

Não vou ligar para o seu celular à noite e me pôr a gritar sobre um e-mail que preciso que você envie imediatamente e, quando você explicar que está jantando em um restaurante, exclamar com um tom indignado "no meio da semana?!?" e fingir estar chocada com a sua falta de profissionalismo, apesar de você passar pelo menos um dia por mês inventando jantares de negócio falsos para mim assim posso cobrar da empresa meus jantares fora no meio da semana.

NUTRIÇÃO *(conselhos nada a ver)*

Não vou olhar por cima do seu ombro enquanto você estiver fazendo a sua lista de compras e comentar "você não deveria comer tanto queijo, não faz bem para a saúde".

SUGESTÕES *(de uma pessoa rica)*

Não vou obrigá-la a falar comigo da sua casa pelo Skype (com vídeo) durante o fim de semana para podermos "conversar pessoalmente" e, no final da conversa, sugerir que você doe o seu "sofá que já deu o que tinha que dar" e compre um novo, apesar de o sofá só ter um ano e eu só não gostei porque dá para ver que é de segunda.

SEU CABELO
(premissas incorretas sobre)

Não vou comentar que "parece que passou da hora de tingir as raízes" quando você nem pinta o cabelo.

TERAPIA *(levando-o a precisar de mais)*

Não vou brincar que você vai precisar de terapia já que trabalha para mim, quando na verdade você já está fazendo terapia e sei disso, já que você sai do escritório às 19h em ponto todas as terças para as suas sessões.

SURPRESAS *(ofensivas)*

Depois que você passar seis meses trabalhando para mim e eu finalmente perguntar se você namora, quando você responder que sim não vou exclamar "é mesmo????" com uma expressão de choque no rosto.

PERGUNTAS PESSOAIS
(só eu posso fazer)

Não farei todo tipo de pergunta constrangedora sobre a sua infância, seus pais, irmãos, mas retrucar irritado "isso é pessoal!" sempre que você tentar me fazer alguma pergunta sobre esses temas.

PREMISSAS *(financeiras)*

Não vou presumir que os seus pais continuam lhe dando mesada e, quando você revelar que não é o caso, perguntar como é que você consegue viver só com o mísero salário que recebe.

TESTES DE PERSONALIDADE
(nem sempre os mais precisos)

Não vou decidir que sei exatamente quem você é e que a sua personalidade se baseia unicamente no seu signo.

CHATS DO INFERNO: CURIOSIDADE

(ofensiva)

CHEFE: o q vc vai fazer neste fds? 16:33

16:33 Eu? :ASSISTENTE

CHEFE: sim 16:34

16:34 Vou a um churrasco no sábado e depois nós vamos ao cinema no domingo à noite, eu acho. :ASSISTENTE

CHEFE: "nós" quem? 16:35

16:35 Alguns amigos e eu. :ASSISTENTE

CHEFE: ah, que bom 16:35

CHEFE: fico feliz q vc tem amigos 16:36

CHEFE: eu não tinha certeza se vc tinha 16:37

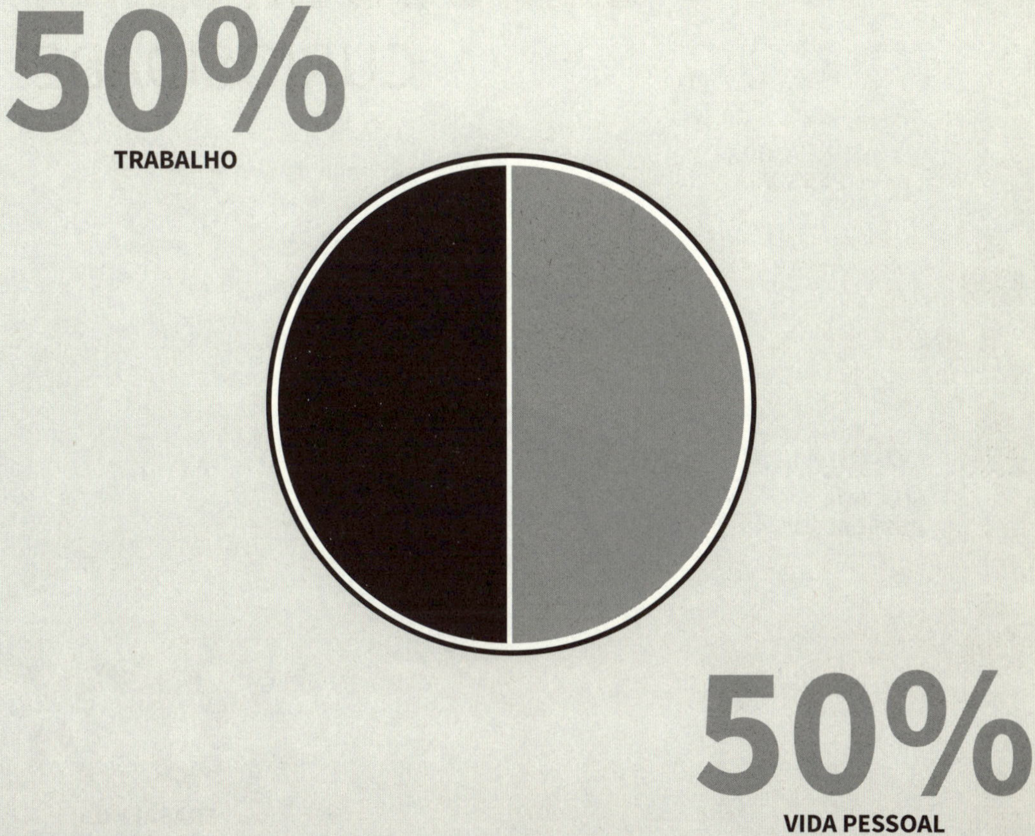

QUAL VOCÊ ACHA QUE SERIA O EQUILÍBRIO PERFEITO DE VIDA PROFISSIONAL E PESSOAL PARA VOCÊ

Analisando por partes...

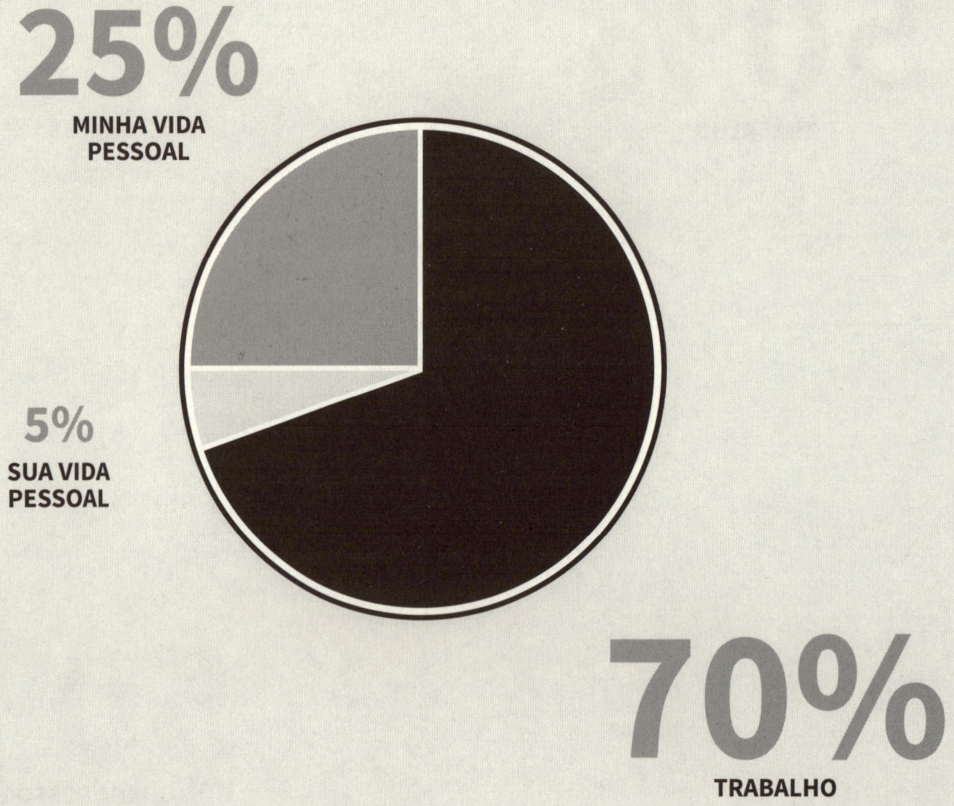

QUAL EU ACHO QUE SERIA O EQUILÍBRIO PERFEITO DE VIDA PROFISSIONAL E PESSOAL PARA VOCÊ

Analisando por partes...

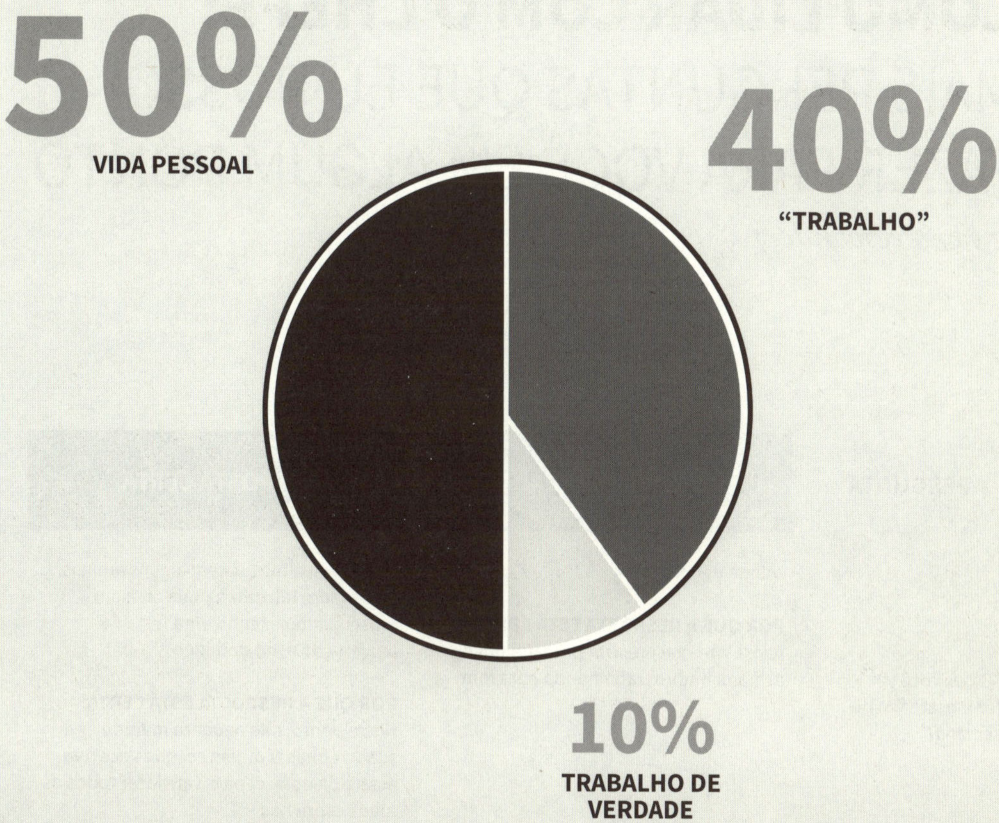

QUAL EU ACHO QUE SERIA O EQUILÍBRIO PERFEITO DE VIDA PROFISSIONAL E PESSOAL PARA MIM

Analisando por partes...

COMO LIDAR COM O CHEFE: MAIS PERGUNTAS QUE EU POSSO FAZER PARA VOCÊ EM ALGUM PONTO

(e como responder)

PERGUNTA	RESPOSTA ERRADA	RESPOSTA CERTA
"O que você vai fazer neste fim de semana?"	"Ainda não sei" **POR QUE A RESPOSTA ESTÁ ERRADA:** Agora você vai precisar passar o fim de semana inteiro trabalhando para mim	"Bem, vou almoçar com alguns amigos no sábado, talvez ir à praia ou a um museu, depois tenho uma festa de aniversário e, no domingo..." **POR QUE A RESPOSTA ESTÁ CERTA:** Neste ponto, não aguento mais ouvir a sua voz, mas também sei que você não estará disponível para satisfazer todos os meus caprichos

PERGUNTA	RESPOSTA ERRADA	RESPOSTA CERTA
"Qual é o seu bar favorito por aqui?"	"[dar o nome do seu bar favorito]" **POR QUE A RESPOSTA ESTÁ ERRADA:** Agora você vai encontrar comigo lá	"[dar o nome do seu quarto bar favorito]" **POR QUE A RESPOSTA ESTÁ CERTA:** Você pode continuar indo ao seu bar favorito, que provavelmente é descolado demais para mim de qualquer jeito
"Você gosta de crianças?"	"Sim!/Não muito" **POR QUE A RESPOSTA ESTÁ ERRADA:** Agora eu o vejo como a minha nova babá ou como uma psicopata	"Gosto, mas não sou muito bom com elas" **POR QUE A RESPOSTA ESTÁ CERTA:** Você não é uma psicopata, mas também não será a minha nova babá
"Onde você comprou essa camisa?"	"loja barata" **POR QUE A RESPOSTA ESTÁ ERRADA:** Você conseguiu transformar um quase elogio em munição para um insulto	"loja cara" **POR QUE A RESPOSTA ESTÁ CERTA:** Se estivesse realmente interessada na roupa, provavelmente já teria achado que você a comprou lá e você ainda ganha a vantagem adicional de eu passar uma tarde inteira tentando encontrar a roupa, em vez de ficar pegando no seu pé no escritório

NA SAÚDE E NA DOENÇA

Até que a morte nos separe (ou pelo menos é o que parece)

ACUSAÇÕES *(absurdas)*

Não vou acusá-la de estar infestada de piolhos só porque você coçou a cabeça enquanto pensava numa resposta a uma das minhas perguntas constrangedoras.

CONSULTAS MÉDICAS *(paranoia)*

Não vou acusá-la de sair escondido para uma entrevista de emprego quando você avisou que iria ao médico e apesar de eu ter passado a semana inteira mandando você "ficar longe de mim" por causa do seu nariz vermelho e tosse constante.

DOENÇA *(efeitos da)*

Quando você me avisar, na segunda-feira, que não está passando muito bem, não vou mandá-la "aguentar firme" e passar o resto da semana perguntando de hora em hora "qual é o seu problema esta semana? Fique ligada!"

LICENÇA MÉDICA *(incapacidade de entender a razão da)*

Quando você me diz que está passando mal e que vai ter de voltar para casa depois do almoço, não direi: "ah! Perfeito!" e lhe passar uma pesquisa chata e exaustiva e/ou tarefa de digitação para fazer em casa "agora que você tem tempo sobrando".

INFECÇÕES INTESTINAIS *(efeitos colaterais das)*

Se você me mandar um e-mail dizendo que está com infecção intestinal e não poderá ir ao trabalho naquele dia, não vou responder "Bom pra você! Infecção intestinal emagrece!"

COMPAIXÃO *(expressão apropriada de)*

Quando você me mandar um e-mail dizendo que está doente e não poderá ir trabalhar, vou responder "desejo melhoras" e talvez mandar entregar uma canja de galinha no seu apartamento. Não vou ignorar completamente os seus e-mails e passar o dia seguinte inteiro fazendo comentários passivo-agressivos sobre como achei que você tinha abandonado o emprego.

OSTENTAÇÃO *(não merecida)*

Não vou me gabar para os meus colegas que, mesmo quando teve um caso grave de bronquite, você foi trabalhar todos os dias por meio período, especialmente porque você não fez isso por qualquer noção de lealdade ou paixão pelo trabalho, mas por puro medo de ser demitida.

PREMISSAS *(ofensivas)*

Quando você precisar voltar para casa mais cedo porque está com intensas dores de estômago e mais tarde me mandar um e-mail informando que fez uma cirurgia de urgência para remover o apêndice, não vou responder, "ah, todo mundo aqui achou que eram só gases".

CONTAMINAÇÃO *(forçada)*

Não vou insistir que você fique trabalhando no escritório quando você estiver terrivelmente gripada e depois ficar brava com você por "me infectar" quando eu pegar a mesma gripe alguns dias depois, o que provavelmente não teria acontecido se eu não a tivesse obrigada a trabalhar comigo durante dez horas naquele dia.

ACUSAÇÕES *(ofensivas)*

Quando você ligar para avisar que está doente na sexta de manhã, não vou imediatamente acusá-la de estar de ressaca, especialmente ao considerar que este é o primeiro dia que você falta ao trabalho nos dois anos em que trabalhou para mim.

ASSINATURAS *(repulsivas)*

Quando você quebrar o braço e precisar passar algumas semanas com gesso, não vou insistir em assinar todas as partes visíveis do seu gesso com o meu nome em letras maiúsculas como se eu estivesse marcando gado, sem ao menos me dar ao trabalho de incluir uma mensagem como "melhoras".

ANTIBIÓTICOS *(importância dos)*

Não vou insistir em me automedicar com vários remédios homeopáticos quando eu estiver doente, ignorar o fato de que o meu médico me receitou um tratamento com antibióticos e contaminar todo mundo no escritório porque a minha doença contagiosa durou seis semanas, em vez de apenas uma semana que teria durado se eu tivesse tomado os antibióticos.

LICENÇAS MÉDICAS *(arbitrárias)*

Não vou insistir em ficar no escritório quando eu pegar uma gripe feia, que você quase certamente também pegará, mas usar uma dor de cabeça como desculpa para tirar um dia de folga quando eu não estiver a fim de trabalhar.

ALERGIAS E RESFRIADOS *(diferença entre)*

Não vou declarar que você está doente quando estiver só com alguma alergia respiratória e afirmar que não passa de uma alergia quando você estiver realmente doente.

MEDICAÇÃO *(repulsiva)*

Quando você chegar ao trabalho com um leve resfriado, não vou insistir que você experimente o meu remédio fitoterápico bizarro, que consiste em pílulas gigantescas que têm gosto de grama misturada com naftalina.

SUPRIMENTOS *(esgotando os)*

Não vou tomar todo o Advil do kit de primeiros-socorros do escritório para lidar com as minhas constantes dores de cabeça de estresse e não deixar sobrar nada para quando você estiver explodindo de dor de cabeça.

REFEIÇÕES SAUDÁVEIS *(contradições)*

Não vou obrigá-la a percorrer 10km a mais para comprar um omelete especial de clara de ovo (que não tem gosto de nada) para o meu café da manhã e mandá-la comprar um sanduíche para o meu almoço.

SUGESTÕES DE EXERCÍCIOS FÍSICOS *(exorbitantes)*

Depois que eu começar a malhar com um novo personal trainer, não vou sugerir, toda animada, que "você deveria tentar o [nome do personal trainer]!", embora nós duas saibamos que pago mais a ele por mês do que o seu salário.

ESPIRROS *(verdadeiras causas dos)*

Não vou tomar banho de perfume a ponto de você precisar conter um espirro toda vez que entrar na minha sala, me levando a perguntar em voz alta "por que será que você vive doente?"

COÇANDO A CABEÇA *(suposições sobre)*

Se eu pegá-la literalmente coçando a cabeça de confusão diante de um dos meus e-mails incoerentes, não vou acusá-la de estar infestada de pulgas.

PEDIDOS *(completamente desnecessários)*

Não vou insistir que você sinta os meus bíceps depois de uma sessão na academia.

INDIRETAS *(ofensivas)*

Não vou te dar um plano de um ano para a academia do nosso prédio e incluir no seu cartão de Natal um folheto com a seção "Especialistas em perda de peso" circulada agressivamente com uma pincel atômico preto.

ODONTOLOGIA *(resultados da)*

Não vou insistir em trabalhar depois de fazer um tratamento de canal, sendo que a combinação de novocaína com inchaço deixa a minha fala completamente incompreensível (em vez do meu nível normal de fala: "na maior parte" incompreensível).

GLICOSE NO SANGUE *(importância de manter níveis adequados de)*

Não vou decidir fazer uma "dieta da moda" que envolve uma severa restrição calórica, de modo que o meu nível de glicose no sangue despenca abaixo dos níveis normais várias vezes ao longo do dia, levando-me a ter ainda mais acessos de raiva, gritaria e brigas sem sentido do que o normal, tudo dirigido a você, é claro.

SALADAS *(precisão excessiva)*

Não vou obrigá-la a contar o número exato de folhas de alface, nozes, frutas secas, cubinhos de queijo e pedaços de azeitona quando você estiver montando a minha salada "saudável" para o almoço e pirar se eu achar que você errou na conta, apesar de eu não ter como saber porque nunca na minha vida contei quarenta folhas de rúcula.

EXERCÍCIOS *(forçados)*

Se eu estiver me sentindo sonolenta, lá pelas 15h, não a forçarei a fazer uma "caminhada energizante" comigo pelo escritório, cujo resultado será apenas fazer você se sentir uma completa idiota na frente de todo mundo.

ESPORTES EM EQUIPE *(memórias das aulas de educação física)*

Se a nossa empresa tiver um dia obrigatório de desenvolvimento de equipes, e isso envolve um jogo de queimada, vou escolher você para a minha equipe, em vez de deixá-la ser a última a ser escolhida (e escolhê-la com enorme relutância, só porque um dia você me contou que teve asma na infância).

BEBIDAS SAUDÁVEIS *(difíceis de encontrar)*

Não vou obrigá-la a passar o dia inteiro dirigindo até todas as lojas de produtos naturais da cidade para tentar encontrar a minha "bebida verde" probiótica favorita, que tem a aparência e o sabor de erva fermentada aguada e que vence em poucos dias, impossibilitando-a de comprar mais de três frascos por vez.

IOGA *(nada calmante)*

Não farei ioga no escritório na hora do almoço todos os dias (incluindo música de cítara, incenso, cânticos e todo o resto) e convidar você.

COCHILOS *(para mim, não para você)*

Não vou insistir que os cochilos de 45 minutos que faço quase diariamente são para o bem da minha saúde mental, mas surtar e rodar a baiana se você parecer menos atenta ou não conseguir conter um bocejo na minha frente.

RECOMENDAÇÕES OUVIDAS DE INTROMETIDA *(não equivalem a convites)*

Depois de eu ouvir, e me intrometer numa conversa, você recomendar a sua academia a um colega, não vou decidir experimentar a academia e começar a me exercitar lá exatamente no mesmo horário que você, de modo que você é forçada a me ver ofegar em uma esteira, com uma roupa de ginástica pouco lisonjeira, no seu último refúgio de todo o estresse do trabalho.

ESTRESSE *(provocando)*

Não vou lhe dar um vale-sessão de acupuntura no seu aniversário e insistir que "vai ajudar a aliviar um pouco o seu estresse" (deixando de mencionar que eu sou a principal causa desse estresse), apesar de, sempre que sugiro a acupuntura, você diz que morre de medo de agulhas.

TEORIAS *(estranhas e exaustivas)*

Não vou passar a maior parte de seu horário de almoço descrevendo o fungo invisível que cresce no seu corpo quando você come açúcar e todos os seus efeitos nocivos e explicando que "é por isso que não estou comendo açúcar todos estes dias e é por isso que estou com tanta energia sobrando, você não reparou?"

TRADUÇÃO MÉDICA *(não faz parte do seu trabalho)*

Não vou lhe entregar os resultados dos exames laboratoriais que o meu médico pediu e dizer "veja se consegue descobrir o que isso significa". Não importa o que os exames significam, você preferiria não ter de saber os resultados.

LICENÇAS MÉDICAS *(sugeridas ou necessárias)*

Não vou teimar que você tire um dia de folga quando você pegar um resfriado leve, para tentar fingir que sou uma boa chefe para variar, já que "não temos muito trabalho hoje de qualquer jeito". Mas quando você for acometida por uma doença grave no fim do mês e implorar por um dia de folga, exclamar indignada "mais um!?" e lhe lançar um olhar de recriminação.

OFERTAS *(aparentemente generosas, mas na verdade inúteis)*

Quando você dá um mau jeito nas costas, não vou me oferecer para "mandá-la ao meu massagista", o que na verdade quer dizer "dar o número do meu massagista para você ligar e marcar uma consulta" e não "pagar a conta dele, de R$ 250,00 por uma sessão de trinta minutos", porque o que causou o problema foram as dez horas por dia que você passa sentada na sua cadeira de escritório.

PEDIDOS *(muito constrangedores)*

Não vou mandá-la sentir a temperatura da minha testa se eu achar que estou com febre. Eu pedirei que você compre um termômetro, para nos poupar da experiência de ter a sua mão pressionada contra a minha pele suada.

DIPLOMAS MÉDICOS *(intransferíveis)*

Não vou me fazer de ofendida se você procurar a opinião de um profissional quando estiver doente em vez de confiar no meu "diagnóstico", que eu insisto que está correto porque "o meu tio foi médico".

EXERCÍCIOS FÍSICOS *(descrevendo-os em detalhes)*

Depois de uma sessão com o meu personal trainer, não passarei meia hora detalhando para você todas as coisas que ele me fez fazer e como isso fez eu me sentir.

ALMOÇO *(eficiência X sabor)*

Quando você pergunta se pode sair um pouco do escritório para almoçar, vou jogar uma das minhas barras de "energia" (com sabor de papelão molhado) em você e dizer "toma. O almoço é por minha conta, faz bem para a saúde!"

CONSUMO EXAGERADO *(comprovado ou não)*

Não vou falar um monte na sua cabeça quase todo dia sobre todas as toxinas que você coloca no seu corpo pelo consumo de queijo/carne/alimentos não orgânicos/glúten/açúcar, e mesmo assim sair todo dia na hora do almoço para fumar o meu cigarrinho diário.

CHATS DO INFERNO: DIAGNÓSTICOS

(incorretos)

CHEFE (11:06): preciso que vc mande um estagiário comprar lenços de papel e pastilhas para a garganta. daquelas de limao com mel.

ASSISTENTE (11:07): Pode deixar. Você não está se sentindo bem?

CHEFE (11:08): alergia

ASSISTENTE (11:09): Há remédios melhores do que pastilhas para a alergia

CHEFE (11:10): pastilhas

CHEFE (11:15): do tipo mais forte, aquelas de derrubar cavalo

ASSISTENTE (11:15): Ok

CHEFE (11:20): vc pode vir esvaziar minha lixeira? encheu de lenços de papel.
e me faz um chá

15%

UMA DOENÇA GRAVE DE VERDADE

que eu ainda não acredito que você tenha, apesar de você ter me enviado um atestado médico

17%

VOCÊ TEM UMA ENTREVISTA DE EMPREGO,

e já usou todas as suas desculpas para ir ao médico em consultas de verdade

7%

“INTOXICAÇÃO ALIMENTAR”

também conhecida como uma tremenda ressaca

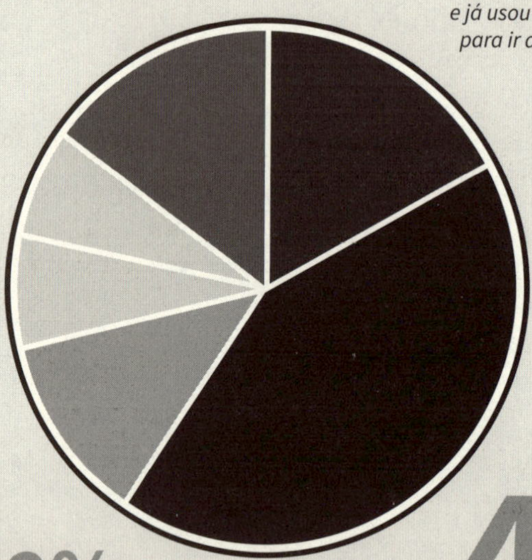

7%

SÓ DE PENSAR EM IR AO TRABALHO

você fica, literalmente, com náuseas

12%

EU A OBRIGUEI A TRABALHAR O FIM DE SEMANA INTEIRO

e você está tirando o dia de folga para compensar

42%

EU ESTAVA DOENTE,

mas me recusei a ficar em casa ou seguir o tratamento prescrito pelo médico e você pegou a minha doença

RAZÕES PELAS QUAIS VOCÊ ESTÁ DE LICENÇA MÉDICA

Analisando por partes...

20%

O PRESIDENTE DA EMPRESA ESTÁ DE FÉRIAS,

então por que eu deveria me dar ao trabalho de aparecer no escritório?

5%

ESTÁ FAZENDO UM DIA LINDO LÁ FORA

28%

EU TENHO UMA REUNIÃO À QUAL NÃO QUERO COMPARECER

e já remarquei tantas vezes que adoecer é a única desculpa que me resta

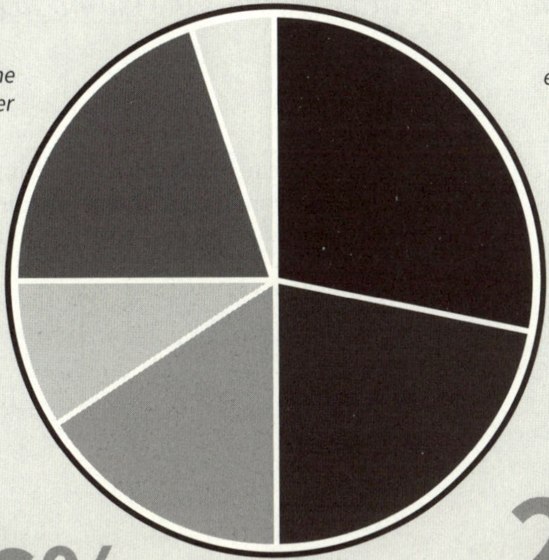

9%

ESTOU COM UMA RESSACA TERRÍVEL

provocada por um vinho caríssimo

16%

ESTOU REALMENTE MUITO DOENTE,

mas só concordei em sair do escritório quando o presidente da empresa me mandou

22%

ESTOU COM UMA DORZINHA DE CABEÇA,

mas me recuso a tomar analgésicos "porque faz mal para o fígado"

RAZÕES PELAS QUAIS EU ESTOU DE LICENÇA MÉDICA

Analisando por partes...

COMO LIDAR COM O CHEFE:
LIÇÕES PARA INICIANTES

Você está doente e não deveria ir trabalhar (Como decidir)

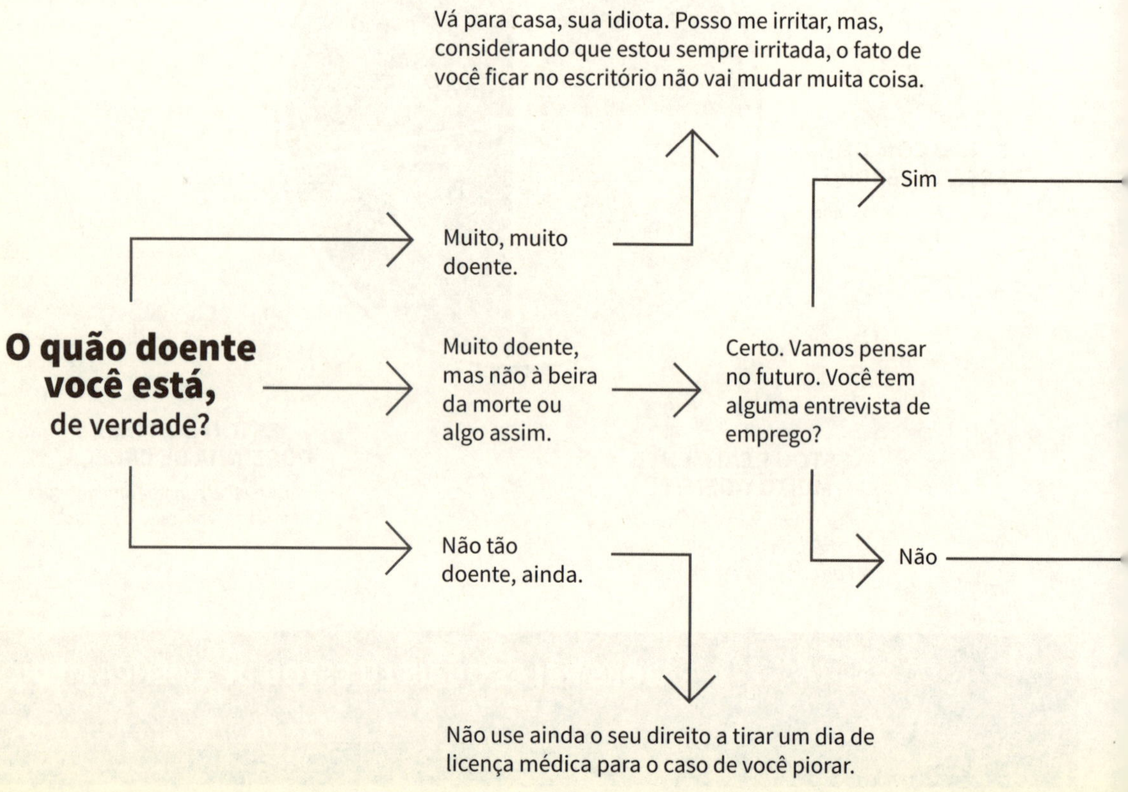

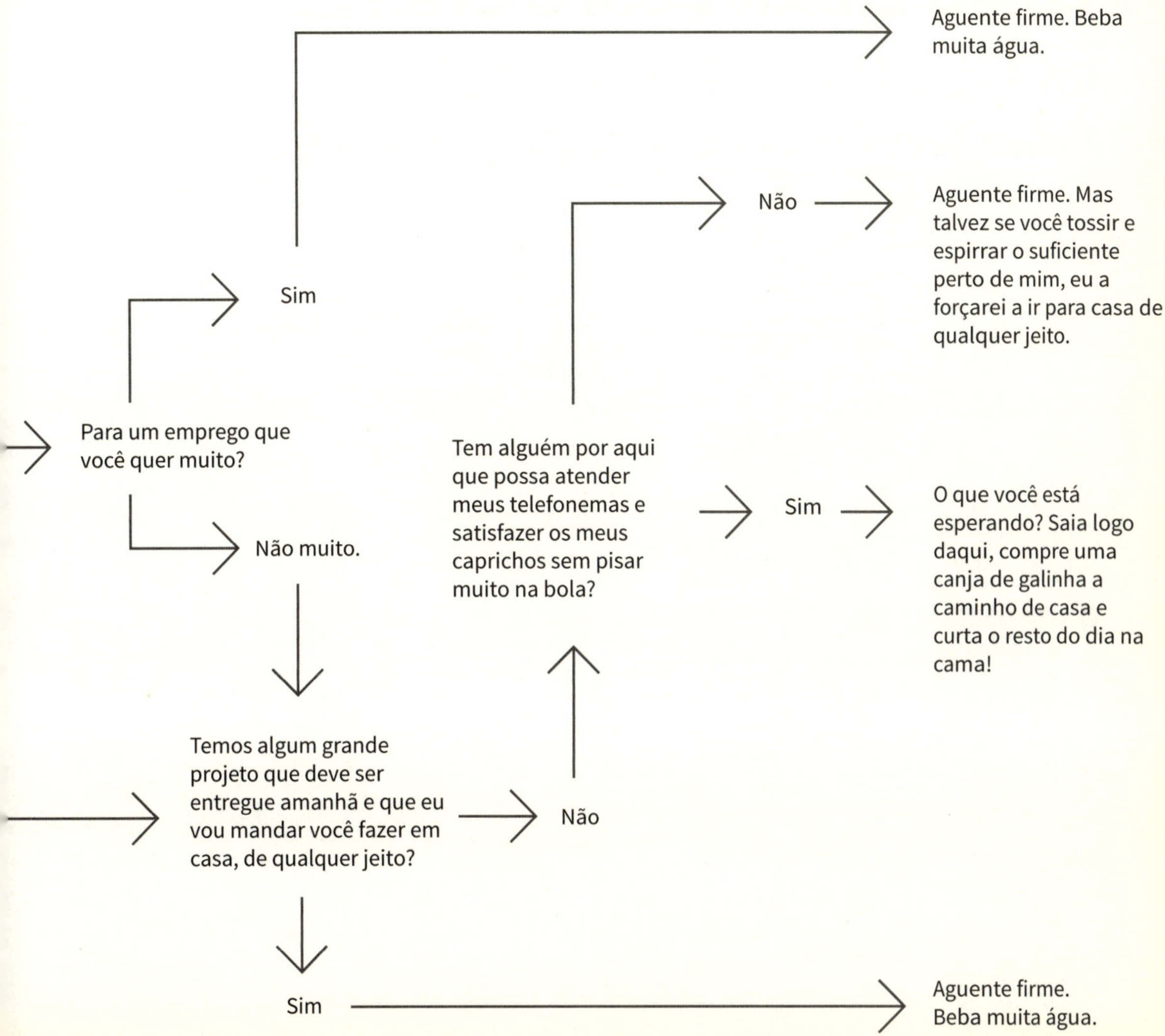

Aguente firme. Beba muita água.
Não
Aguente firme. Mas talvez se você tossir e espirrar o suficiente perto de mim, eu a forçarei a ir para casa de qualquer jeito.
Sim
Para um emprego que você quer muito?
Tem alguém por aqui que possa atender meus telefonemas e satisfazer os meus caprichos sem pisar muito na bola?
Sim
O que você está esperando? Saia logo daqui, compre uma canja de galinha a caminho de casa e curta o resto do dia na cama!
Não muito.
Temos algum grande projeto que deve ser entregue amanhã e que eu vou mandar você fazer em casa, de qualquer jeito?
Não
Sim
Aguente firme. Beba muita água.

OK, VOCÊ PODE IR PARA CASA AGORA

Bem, minha querida futura assistente, isso deve lhe dar uma ideia do que a espera pela frente. Mas cuidado! Enquanto houver chefes e assistentes neste mundo, sempre haverá alguma outra tortura dissimulada, psicologicamente devastadora ou meramente irritante para ser inventada. Portanto, fique sempre alerta! Mantenha a calma e fique esperta. Ah, e fique longe de doses de tequila à noite durante a semana e do karaokê nas festas de fim de ano do escritório.

Você consegue.

Este livro foi composto em Versailles LT Std
para a Editora Planeta do Brasil
em agosto de 2014